미래와 통하는 책

동양북스 외국어 베스트 도서

700만 독자의 선택!

새로운 도서, 다양한 자료 동양북스 홈페이지에서 만나보세요!

www.dongyangbooks.com
m.dongyangbooks.com

※ 학습자료 및 MP3 제공 여부는 도서마다 상이하므로 확인 후 이용 바랍니다.

홈페이지 도서 자료실에서 학습자료 및 MP3 무료 다운로드

PC

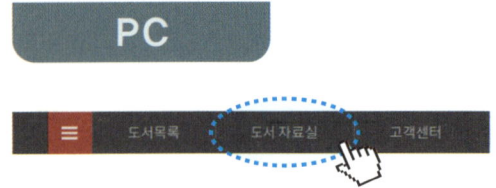

❶ 홈페이지 접속 후 도서 자료실 클릭
❷ 하단 검색 창에 검색어 입력
❸ MP3, 정답과 해설, 부가자료 등 첨부파일 다운로드

* 원하는 자료가 없는 경우 '요청하기' 클릭!

MOBILE

* 반드시 '인터넷, Safari, Chrome' App을 이용하여 홈페이지에 접속해주세요. (네이버, 다음 App 이용 시 첨부파일의 확장자명이 변경되어 저장되는 오류가 발생할 수 있습니다.)

❶ 홈페이지 접속 후 ≡ 터치

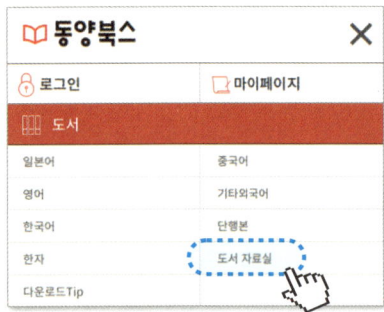

❷ 도서 자료실 터치

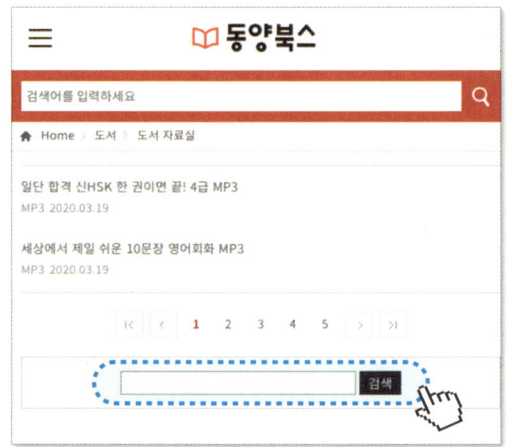

❸ 하단 검색창에 검색어 입력
❹ MP3, 정답과 해설, 부가자료 등 첨부파일 다운로드

* 압축 해제 방법은 '다운로드 Tip' 참고

가장 쉬운 독학 베트남어 첫걸음

지은이 **정보라**

동양북스

가장 쉬운 독학 베트남어 첫걸음

초판 20쇄 발행 | 2025년 8월 15일

지 은 이 | 정보라
발 행 인 | 김태웅
기획 편집 | 김현아
디 자 인 | 남은혜, 김지혜
마케팅 총괄 | 김철영
제　　작 | 현대순

발 행 처 | (주)동양북스
등　　록 | 제 2014-000055호
주　　소 | 서울시 마포구 동교로22길 14 (04030)
구입문의 | 전화 (02)337-1737　팩스 (02)334-6624
내용문의 | 전화 (02)337-1762　dybooks2@gmail.com

ISBN 979-11-5768-275-1 13730

ⓒ 정보라, 2017

▶ 본 책은 저작권법에 의해 보호를 받는 저작물이므로 무단 전재와 복제를 금합니다.
▶ 잘못된 책은 구입처에서 교환해드립니다.
▶ (주)동양북스에서는 소중한 원고, 새로운 기획을 기다리고 있습니다.
　 http://www.dongyangbooks.com

이 도서의 국립중앙도서관 출판예정도서목록(CIP)은 서지정보유통지원시스템 홈페이지(http://seoji.go.kr)와
국가자료공동목록시스템(http://www.nl.go.kr/kolisnet)에서 이용하실 수 있습니다.
(CIP제어번호:CIP2017019794)

머리말

2025년은 한국과 베트남이 관계를 맺은 지 33주년 되는 해입니다.

한국의 많은 기업이나 개인이 베트남에 투자 및 비즈니스를 하고 있고 국내에 거주하는 베트남인도 꾸준히 증가하고 있습니다. 국내에서 베트남 음식점도 어렵지 않게 찾을 수 있고, 베트남으로 취항하는 비행편도 많아져서 한국인이 선호하는 여행지에 베트남이 손꼽히고 있습니다. 이렇듯 베트남은 더 이상 우리에게 생소하거나 먼 나라가 아닙니다.

〈가장 쉬운 독학 베트남어 첫걸음〉은 베트남어를 처음 접하는 모든 분들이 가장 쉽게 공부할 수 있도록 구성된 독학 베트남어 책으로 알파벳부터 회화, 단어와 문법까지 구성되어 있는 왕초보 베트남어 교재의 결정체라 할 수 있습니다. 이 책으로 베트남어를 쉽고 재미있게 공부하시길 바라며, 베트남과 관계를 맺으시는 모든 분들에게 유용한 책으로 활용되길 바랍니다.

끝으로 항상 사랑과 응원으로 보듬어 주는 가족, 주한베트남대사관 대사님 외 동료들, 선후배, 친구들 그리고 동양북스에 감사의 말을 전합니다.

저자 정보라

Giữa quan hệ Việt Nam và Hàn Quốc hiện nay

Việt Nam và Hàn Quốc đã thiết lập quan hệ ngoại giao ngày 22/12/1992. Sau hơn 30 năm, quan hệ hữu nghị và hợp tác Việt-Hàn đã phát triển tốt đẹp, đạt được nhiều thành công. Việt Nam đã trở thành một trong hai nước đối tác hợp tác chiến lược của Hàn Quốc trong khu vực Đông Nam Á. Nội dung đối tác chiến lược ấy được thể hiện rõ trong hợp tác giữa hai nước trên tất cả các lĩnh vực.

Hàng năm, Lãnh đạo cấp cao hai nước thường xuyên thực hiện thăm viếng và tiếp xúc với nhau. Những chuyến thăm và thỏa thuận cấp cao đã giúp củng cố thêm lòng tin chính trị giữa hai nước, đã và đang tạo môi trường thuận lợi cho việc phát triển hợp tác hai nước trên các lĩnh vực khác.

Hợp tác kinh tế Việt-Hàn có thể coi là hình mẫu cho hợp tác kinh tế giữa các quốc gia. Mới chỉ sau hơn 30 năm, hợp tác kinh tế hai nước đã đạt nhiều thành tựu vượt bậc, hai nước đã trở thành những nước đối tác quan trọng hàng đầu của nhau cả về đầu tư, thương mại, ODA, KHCN, phát triển nhân lực...

Tôi cho rằng những điểm tương đồng về lịch sử, văn hóa giữa hai nước là cơ sở quan trọng nhất trong việc thúc đẩy quan hệ hữu nghị và hợp tác hai nước là rất đúng. Quan hệ Việt Nam - Hàn Quốc là quan hệ đặc thù, không chỉ là quan hệ ngoại giao bình thường mà còn là quan hệ huyết thống, thông gia từ thời 2 dòng họ Lý Việt Nam sang Hàn Quốc cách đây 800 năm cũng như từ hơn 5 vạn gia đình đa văn hóa Việt-Hàn hiện nay.

Văn hóa là cầu nối quan trọng cho hai nước xích lại gần nhau. Tại Việt Nam, Hàn Quốc đã trở thành cái tên được nhiều người nhắc đến với những hình ảnh quen thuộc về Kimchi, Hanbok, phim ảnh, hàng tiêu dùng, đảo Jeju. Người dân Hàn Quốc cũng đã thân quen với cái tên Việt Nam với hình ảnh của áo dài, phở, vịnh Hạ Long...Các Khoa Hàn Quốc học, Khoa tiếng Hàn đã xuất hiện nhiều tại các trường đại học của Việt Nam với hàng trăm học sinh tốt nghiệp hàng năm. Tại Hàn Quốc cũng đã có Khoa Việt Nam học, Khoa tiếng Việt ở 5 trường Đại học. Tiếng Hàn và tiếng Việt cũng đang trở thành ngôn ngữ giảng dạy tại bậc PTTH hai nước.

Tôi tin rằng, với quyết tâm của lãnh đạo và nhân dân hai nước, với tình yêu chúng ta dành cho nhau, tình hữu nghị và quan hệ hợp tác hai nước sẽ tiếp tục phát triển tốt đẹp trong thời gian tới vì lợi ích của nhân dân hai nước, vì thịnh vượng và phát triển chung của khu vực và thế giới.

현재 베트남과 한국의 관계

1992년 12월 22일에 한국과 베트남은 외교관계를 맺었습니다. 30년 이상 한-베 우호 및 협력 관계가 크게 발전했고 많은 성공도 얻었습니다. 베트남은 동남아시아 지역의 전략적인 파트너 국가 중의 하나가 되었습니다. 그런 전략적 파트너로서의 관계는 모든 분야에서 양국의 협력에 의해 명백히 드러나고 있습니다. 매년 양국 최고 지도자들이 서로 방문하고 만납니다. 이런 방문 및 협의가 양국의 정치적인 신뢰를 더욱 강화시키고, 양국 간의 기타 분야 협력 및 개발을 위해 편리한 환경이나 조건을 갖추어 주고 있습니다.

한-베 경제협력은 다른 국가간의 경제협력의 모범이라고 볼 수 있습니다. 30여 년간 양국 간의 경제협력은 우수한 성과를 얻었습니다. 투자, 무역, ODA, 과학기술, 인력 발전 등의 분야에 대해 서로 중요한 파트너가 되고 있습니다.

저는 양국 간의 문화와 역사가 비슷한 점이 양국의 우호 및 협력 관계를 향상하는 데에 중요한 기반이라고 생각합니다. 일반 외교 관계뿐만 아니라 한국과 베트남은 특별한 관계입니다. 약 800년 이전에는 베트남의 '이'씨 성 가족이 한국으로 왔었고, 현재 한-베 다문화 가족이 50만 세대 이상 되었다는 것은 한국과 베트남이 혈연관계, 친척관계라는 점을 시사합니다.

문화는 양국이 서로 가까워지는 중요한 다리 역할을 합니다. 베트남에서 자주 언급하는 단어가 바로 한국이고 김치, 한복, 한국 드라마, 한국 상품, 제주도 등은 베트남 사람들에게 낯설지 않습니다. 한국 사람들에게도 베트남이라는 나라 이름이 익숙해졌고 아오자이, 베트남 쌀국수, 하롱베이 등이 더 이상 낯선 어휘가 아닙니다. 그리고 한국학과나 한국어과가 베트남 대학교에서 많이 생기고 한국어과 졸업생들도 현재 수백만 명이나 됩니다. 한국에서도 5개의 대학교가 베트남어과를 두고 있습니다. 특히, 한국어와 베트남어는 양국 고등학교에서 교육하는 외국어이기도 합니다.

양국 국민의 이익 및 지역과 세계의 번영, 발전을 위해서 양국의 지도자와 국민들의 결심, 서로 주고 받는 사랑으로 앞으로 한-베 우호 협력관계가 더욱 좋게 발전할 거라고 믿습니다.

前 주한베트남대사 팜 후 찌(Phạm Hữu Chí)

차례

머리말	3
목차	6
이 책의 구성과 활용법	8
학습 플랜	12
문자, 발음, 성조	16

Chapter 1	인사	32
Chapter 2	국적	44
Chapter 1~2 주요 문법 및 표현		54
Chapter 1~2 복습 회화정리		57

Chapter 3	이름과 나이	60
Chapter 4	가족	72
Chapter 5	사는 곳과 직업	84
Chapter 6	시간과 요일	96
Chapter 3~6 주요 문법 및 표현		106
Chapter 3~6 복습 회화정리		108

Chapter 7	생일과 날짜	112
Chapter 8	기본 동작	124
Chapter 9	날씨와 계절	136
Chapter 10	전화	148

Chapter 7~10 주요 문법 및 표현 ········ 158
Chapter 7~10 복습 회화정리 ········ 160

Chapter 11	가격 묻기	164
Chapter 12	가격 흥정	176
Chapter 13	경험 묻기	188
Chapter 14	취미 묻기	200

Chapter 11~14 주요 문법 및 표현 ········ 210
Chapter 11~14 복습 회화정리 ········ 212

Chapter 15	식당	216
Chapter 16	교통	228
Chapter 17	은행	240
Chapter 18	병원	252

Chapter 15~18 주요 문법 및 표현 ········ 262
Chapter 15~18 복습 회화정리 ········ 264

정답 ········ 266

이 책의 구성과 학습법

가장 쉬운 독학 베트남어 첫걸음은 다음과 같이 구성됩니다.
본책을 중심으로 학습하면서 핸드북과 MP3도 활용하세요.

 문자, 발음, 성조

베트남어의 문자, 발음, 명칭을 익히고 써 볼 수 있습니다.
베트남어에 있는 6가지 성조도 표와 함께 설명되어 있습니다.

 문법 콕콕

핵심 문장 핵심 문법을 문장 형태로 제시합니다.
듣기 MP3 파일이 제공됩니다.
설명 핵심 문법, 표현을 설명합니다.
단어 정리 본문과 예문에 나온 단어를 정리했습니다.

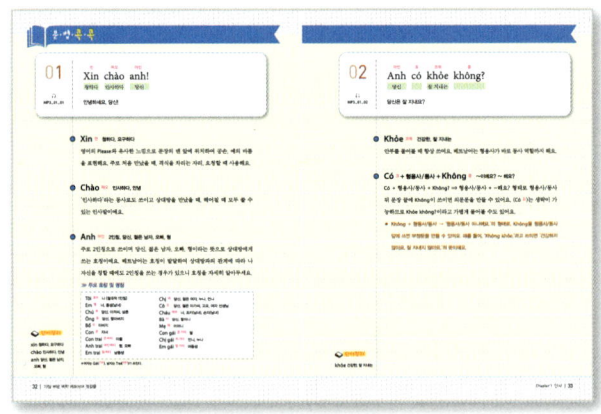

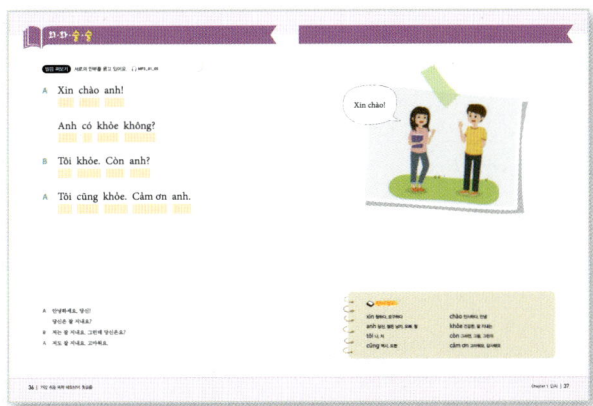

 회화 술술

듣기 회화문의 MP3 파일을 제공합니다.
회화문 문법 콕콕에서 배운 회화를 모아서 한번 더 학습합니다.
발음 써보기 베트남어 발음을 적어 봅니다.
해석 회회문의 해석입니다.
단어 정리 회화문에 나오는 단어를 정리했습니다.

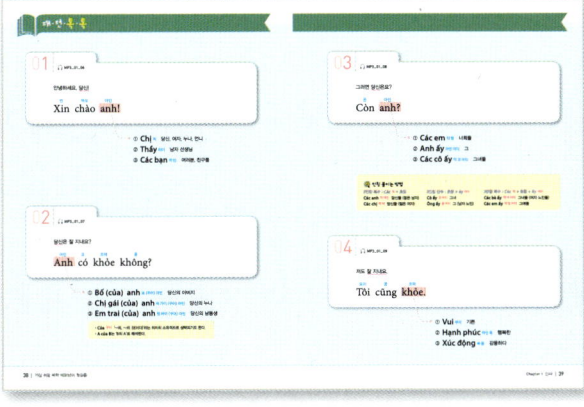

 패턴 톡톡

핵심 패턴 문법 콕콕의 핵심 문장을 기본 패턴으로 하여 다양한 표현을 연습합니다.
듣기 기본 패턴과 패턴 연습 내용이 모두 녹음되어 있습니다.
단어 정리 처음 나온 단어를 정리했습니다.

이 책의 구성과 학습법

📚 문제 척척

각 챕터마다 나온 내용을 문제로 제시했습니다.
문제를 풀어보고 본책 맨 뒤의 정답과 비교하며 실력을 확인해 보세요.

⏰ 주요 문법 및 표현

주요 문법과 표현을 정리했습니다.
앞에서 배운 내용을 한눈에 다시 한번 살펴볼 수 있습니다.

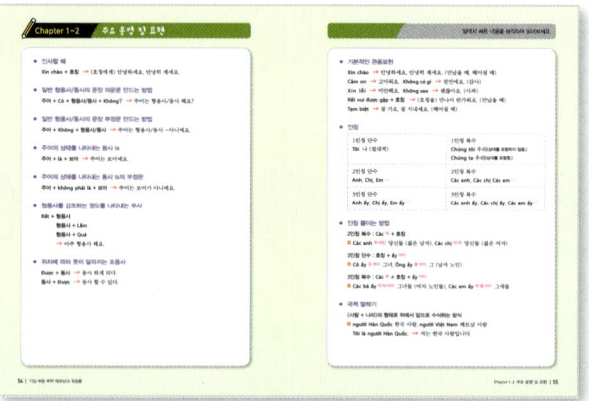

💻 복습 회화정리

각 챕터마다 나온 회화문을 정리했습니다.
단어의 뜻과 발음은 적어 두지 않았으므로 직접 소리내어 읽어 보며 확인하세요.

핸드북
본문 회화와 단어를 정리한 핸드북으로 언제 어디서나 베트남어를 학습할 수 있습니다.

MP3 다운로드
본문 회화, 패턴 연습을 담은 MP3 파일입니다.
동양북스 홈페이지에서 MP3를 다운로드할 수 있습니다.

동영상 강의
무료 동영상 강의로 쉽고 재미있게 학습이 가능합니다.
인터넷이 되는 곳이라면 어디서든 컴퓨터, 태블릿, 스마트폰으로 동영상 강의를 시청할 수 있습니다.

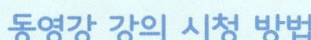

동영강 강의 시청 방법

1. 스마트폰으로 시청 시
스마트폰의 QR 코드 리더 어플로 QR 코드를 찍으면 동양북스 홈페이지로 이동합니다.

2. 컴퓨터로 시청 시
동양북스 홈페이지에서 시청 가능합니다.
동양북스 홈페이지 http://www.dongyangbooks.com/

팟캐스트 오디오 해설 강의 청취 방법

1. 아이폰 사용자
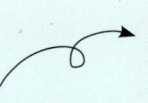 PODCAST 앱에서 '가장 쉬운 독학 베트남어 첫걸음'을 검색하세요.

2. 안드로이드 사용자
 팟빵 어플에서 '가장 쉬운 독학 베트남어 첫걸음'을 검색하세요.

3. 컴퓨터로 청취 시

- 팟빵 http://www.podbbang.com에 접속하여 "동양북스" 검색
- 애플 iTunes 프로그램에서 "동양북스" 검색

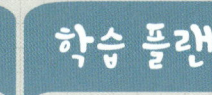

학습 플랜

Day 1	Day 2	Day 3
p16~21 문자, 발음, 성조	p22~29 문자, 발음, 성조	p32~41 Chapter 1

Day 7	Day 8	Day 9
p60~69 Chapter 3	p72~81 Chapter 4	p84~93 Chapter 5

Day 13	Day 14	Day 15
p112~121 Chapter 7	p124~133 Chapter 8	p136~145 Chapter 9

Day 19	Day 20	Day 21
p164~173 Chapter 11	p176~185 Chapter 12	p188~197 Chapter 13

Day 25	Day 26	Day 27
p216~225 Chapter 15	p228~237 Chapter 16	p240~249 Chapter 17

30일 기준으로 작성한 플랜입니다.

Day 4	Day 5	Day 6
p44~53 Chapter 2	p54~57 Chapter 1~2 복습	밀린 진도 따라잡기 / 휴일

Day 10	Day 11	Day 12
p96~105 Chapter 6	p106~109 Chapter 3~6 복습	밀린 진도 따라잡기 / 휴일

Day 16	Day 17	Day 18
p148~157 Chapter 10	p158~161 Chapter 7~10 복습	밀린 진도 따라잡기 / 휴일

Day 22	Day 23	Day 24
p200~209 Chapter 14	p210~213 Chapter 11~14 복습	밀린 진도 따라잡기 / 휴일

Day 28	Day 29	Day 30
p252~261 Chapter 18	p262~265 Chapter 15~18 복습	밀린 진도 따라잡기 / 휴일

Photo by JunPhoto / Shutterstock.com

문자
발음
성조

◉ **학습목표**

베트남어 문자 익히기
베트남어 발음 익히기
6성조 익히기

문자, 발음, 성조

1 문자와 발음

베트남어 문자

베트남어는 익숙한 알파벳으로 이루어져 있어요. 알파벳 위나 옆의 기호들과 함께 문자를 암기해야 해요. 베트남어의 표준어는 수도 하노이를 중심으로 한 북부 발음입니다.

문자와 발음

🎧 MP3_00_01

대문자	소문자	발음	대문자	소문자	발음
A	a	아 (입을 크게 벌림)	Ă	ă	아 (짧게 발음)
Â	â	어	B	b	ㅂ
C	c	ㄲ	Ch	ch	ㅉ
D	d	ㅈ / ㅇ	Đ	đ	ㄷ
E	e	애 (입을 크게 벌림)	Ê	ê	에 (입을 작게 벌림)
G	g	ㄱ	Gh	gh	ㄱ
Gi	gi	ㅈ/지	H	h	ㅎ
I	i	이 (짧게 발음함)	K	k	ㄲ
Kh	kh	ㅋ	L	l	ㄹ
M	m	ㅁ	N	n	ㄴ
Ng	ng	응	Ngh	ngh	응
Nh	nh	니	O	o	오(입을 크게 벌림)
Ô	ô	오 (입을 오므림)	Ơ	ơ	어
P	p	ㅃ	Ph	ph	/f/ (영어의 f발음)
Q	q	ㄲ	R	r	ㅈ, ㄹ

16 | 가장 쉬운 독학 베트남어 첫걸음

S	s	ㅆ	T	t	ㄸ
Th	th	ㅌ	Tr	tr	ㅉ
U	u	우	Ư	ư	으
V	v	/v/(영어의 v발음)	X	x	ㅆ
Y	y	이 (길게 발음함)			

→ 베트남어는 F, W, J, Z 이 4개의 문자는 사용하지 않아요.
예) Fa, we, ji, zo 라는 베트남어는 존재하지 않아요.

문자의 명칭

MP3_00_02

문자	명칭	문자	명칭
A	a	N	en-nờ
Ă	á	O	o
Â	ớ	Ô	ô
B	bê	Ơ	ơ
C	xê	P	pê
D	dê	Q	qui
Đ	đê	R	e-rờ
E	e	S	ét-sì
Ê	ê	T	tê
G	giê	U	u
H	hát	Ư	ư
I	i ngắn	V	vê
K	ca	X	ích-xì
L	e-lờ	Y	i dài
M	em-mờ		

문자, 발음, 성조

12개 단모음

🎧 MP3_00_03

문자	발음		예	
a	아	우리말 '아'와 같이 입을 크게 벌린다	an 안	nam 남
ă	아	짧게 발음하는 '아'	ăn 안	lăm 람
â	어	짧게 발음하는 '어'	âm 엄	cân 껀
e	애	우리말 '애'보다 입을 작게 벌린다	em 앰	me 매
ê	에	우리말 '에'보다 입을 작게 벌린다	êm 엠	mê 메
i	이	짧게 발음하는 '이'	im 임	tai 따-이
y	이	길게 발음하는 '이'	yên 이엔	tay 따이
o	오	'오'와 '아'의 중간음으로 낸다	ong 옹	to 또
ô	오	우리말 '오'와 같다	sông 송	ôm 옴
ơ	어	길게 발음하는 '어'	mơ 머	cơm 껌
u	우	우리말 '우'와 같다	um 움	cum 꿈
ư	으	우리말 '으'와 같다	tư 뜨	hư 흐

➡ o(오), ô(오), u(우)가 끝 자음 ng(응), c(세)와 결합하면 발음 후 입술을 모읍니다.
　예 học 혹ㅁ / sông 송ㅁ / cũng 꿍ㅁ / múc 묵ㅁ

27개 첫 자음

베트남어의 자음은 성대를 떨면서 발음하는 것이 많습니다. 또한 우리말의 받침으로 나오는 ng이나 ngh이 첫 자음으로 나오는 단어의 발음은 쉽지 않으므로 많은 연습을 필요로 합니다.

🎧 MP3_00_04

문자	예		발음
b/버/	ba 바	bờ 버	성대를 떨면서 발음하는 'ㅂ'
c/꺼/	ca 까	cô 꼬	약하고 짧게 발음하는 'ㄲ'
ch/쩌/	cha 짜	chua 쭈어	약하고 짧게 발음하는 'ㅉ'
d/저/	da 자	dan 잔	혀끝을 사용하여 목구멍으로 영어의 z처럼 발음하는 'ㅈ' (남부에서는 반모음 '이'로 발음)
đ/더/	đa 다	đi 디	목구멍으로 발음하는 'ㄷ'
g/거/	ga 가	gỗ 고	목구멍으로 발음하는 'ㄱ'
gh/거/	ghi 기	ghim 김	목구멍으로 발음하는 'ㄱ' (h는 묵음)
gi/지/	gia 쟈	giỏi 죠이	혀끝을 사용하여 목구멍으로 영어의 z처럼 발음하는 'ㅈ' (남부에서는 '여'로 발음)
h/허/	ho 호	hai 하이	목구멍으로 발음하는 'ㅎ'
k/까/	kim 낌	ki-lô 낄로	약하고 짧게 발음하는 'ㄲ'
kh/커/	khá 카	khoa 코아	ㅎ음을 섞어 목구멍으로 발음하는 'ㅋ'
l/러/	lê 레	lông 롱	혀끝으로 발음하는 'ㄹ'
m/머/	ma 마	môi 모이	입술을 붙였다 떼서 발음하는 'ㅁ'
n/너/	na 나	non 논	혀끝을 앞니 뒤에 댔다가 발음하는 'ㄴ'
ng/응어/	nga 응아	ngu 응우	목구멍에서 머금고 발음하는 '응'
ngh/응어/	nghi 응이	nghiên 응이엔	목구멍에서 머금고 발음하는 '응' (h는 묵음)

문자, 발음, 성조

nh/녀/	như 니으	nhu 니우	혀끝을 입천장에 댔다가 떼면서 발음하는 '니'
p/퍼, 뻐/	pin 삔 또는 피 pê-đan 뻬단 또는 페단		입술을 붙였다 떼서 발음하는 'ㅍ' 또는 'ㅃ' 첫 자음으로 'P' 단독으로는 거의 없음
ph/퍼/	pha 파	phu 푸	영어의 f처럼 발음하는 'ㅍ'
q/꺼/	qua 꾸아	quyển 꾸이엔	약하고 짧게 발음하는 'ㄲ' (남부에서는 발음하지 않음)
r/지, 러/	ra 자 (라)	răng 장 (랑)	성대를 떨면서 혀끝을 말며 발음하는 'ㅈ' (남부에서는 영어의 'r'처럼 발음)
s/써/	sa 싸	so 쏘	혀끝을 말아 입천장에 마찰시켜 발음하는 'ㅆ'
t/떠/	tôi 또이	ta 따	약하고 짧게 발음하는 'ㄸ'
th/터/	thôi 토이	thu 투	'ㅎ'음을 섞어 혀끝으로 발음하는 'ㅌ'
tr/쩌/	tra 짜	tre 째	혀끝을 말아 입천장에 마찰시켜 발음하는 'ㅉ'
v/버/	va 바	vô 보	영어의 v처럼 발음하는 'ㅂ'
x/써/	xa 싸	xôi 쏘이	약하고 짧게 발음하는 'ㅆ'

➡ c, k, q는 'ㄲ'소리를 냅니다. 다만 뒤에 오는 모음에 따라 형태만 변할 뿐입니다.
　예 cưu 끄우　kem 깸　qua 꾸아　※ c + a(ă,â),o,ơ,u,ư / k + e(ê),i(y) / q + u

➡ ch, tr은 'ㅉ'소리를 냅니다. 북부 지역에서는 ch와 tr음을 구별하지 않고 ch로만 발음합니다. 다만 남부 지역에서는 tr은 r발음의 영향으로 혀끝을 말아서 발음하는 경향이 있습니다.
　예 chào 짜오　trao 짜오

➡ d, gi, r은 'ㅈ'소리를 냅니다. 다만 r은 혀끝을 말아서 발음하는 경향이 있습니다.
　예 du 주　gió 죠　ru 주

➡ g, gh는 'ㄱ'소리를 냅니다. 다만 뒤에 오는 모음에 따라 형태만 변할 뿐입니다.
　예 găng 강　ghen 겐　※ g + a(ă,â),o(ô),ơ,u,ư / gh + e,ê,i(y)

8개 끝 자음

베트남어 끝 자음은 형태상 ch, c, m, n, nh, ng, p, t 모두 여덟 개입니다. 모든 자음은 뒤에 결합하는 모음 자음과 연음 현상이 없습니다.

🎧 MP3_00_05

문자	예		발음
-ch/쩌/	kịch 끽	tách 따익	우리말 'ㄱ'음으로 발음
-c/꺼/	các 깍	lúc 룩	우리말 'ㄱ'음이지만 o, ô, u와 결합하면 입을 다물고 발음
-m/머/	tôm 똠	làm 람	우리말 'ㅁ'음으로 발음
-n/너/	ăn 안	bàn 반	우리말 'ㄴ'음으로 발음
-nh/녀/	mình 민, 밍	anh 아인, 아잉	우리말 'ㄴ'음이지만 'ㅇ'발음이 첨가
-ng/응어/	nắng 낭	ông 옹	우리말 'ㅇ'음이지만 o, ô, u와 결합하면 입을 다물고 발음
-p/퍼/	hộp 홉	lớp 럽	우리말 'ㅂ'음으로 발음
-t/떠/	một 못	bát 밧	우리말 'ㅅ'음으로 발음

→ 북부 지방에서는 a, ê가 nh 또는 ch를 만나면 /i/ 발음이 섞이며 짧게 발음됩니다.
  예 sách/saik 사익   bênh/bêin 베인

→ 모음과 끝 자음의 결합 시 발음
  1) 아래 단어는 발음 시 짧은 /i/ 발음이 추가되어 발음됩니다.
  2) 단어 끝의 받침에 -nh가 오면 ㄴ/ㅇ의 중간 발음입니다.
  예 –inh 인/잉   ich 익   anh 아인/아잉   ach 아익   ênh 에인/에잉   êch 에익

문자, 발음, 성조

비슷한 발음을 가지는 문자

1 비슷한 발음을 가지는 첫 자음

C, K, Q = ㄲ　　　　D, R, Gi = ㅈ
S, X = ㅆ　　　　　　Ch, Tr = ㅉ
G, Gh = ㄱ　　　　　Ng, Ngh = 응

2 비슷한 발음을 가지는 모음

A, Ă = 아　　　　　　Â, Ơ = 어
O, Ô = 오　　　　　　E, Ê = 애, 에
I, Y = 이

※ 비슷한 음가를 가진다는 뜻이지 완전히 같은 발음은 아니에요.

자음과 모음의 결합

1 C, G, Ng가 첫 자음으로 올 때는 다음과 같은 모음만 올 수 있어요.

C, G, Ng + a, ă, â
　　　　　+ o, ô, ơ
　　　　　+ u, ư

2 K, Gh, Ngh, Q가 첫 자음으로 올 때는 다음과 같은 모음만 올 수 있어요.

K + e, ê
　+ i, y

Gh, Ngh + e, ê,
　　　　 + i (y는 올 수 없습니다)

Q + u

베트남어 첫 자음의 몇 가지 특징

1 Ng-, Ngh-

다른 언어에서는 주로 받침으로 들어가는 ng이 베트남어에서는 첫 자음으로 자주 등장해요.
예) Người 응어이 **사람**   Nghỉ 응이 **쉬다**

2 p-

p 자음 하나로만 되어있는 베트남어 어휘는 거의 없어요. 주로 ph-로 시작하는 어휘가 많아요.

베트남어 끝 자음의 몇 가지 특징

1 -nh

끝자음이 -nh로 끝나면 /-인/ 또는 /-잉/으로 발음해요.

2 -ch

끝자음이 -ch로 끝나면 /-익/으로 발음해요.
예) Anh 아인 **또는** 아잉 **형, 오빠**   Sách 싸익 **책**

베트남어 복모음

-uô -우오   -ươi -으어이

복모음은 말 그대로 모음이 복수(2개 이상)라는 뜻이고 단모음 발음대로 발음해요.
예) Luôn 루온 **항상, 늘**   Mười 므어이 **10**

문자, 발음, 성조

이중 모음 뒤 -a 발음

모음이 2개로 된 어휘의 마지막 모음이 −a로 끝나면 /−어/로 발음해요.

예) Đĩa 디어 접시   Mua 무어 사다

※ 예외
1. −oa −오아 이중 모음이지만 −a앞에 o를 만나면 그대로 /−아/로 발음해요.
   Hoa 호아 꽃 /호어/라고 발음하지 않아요.
2. Qua 꾸아 Q+u+a 는 단모음 발음 그대로 발음해요. /꾸어/라고 발음하지 않아요.

베트남어 문자 써보기 (알파벳과 동일한 문자는 제외했습니다.)

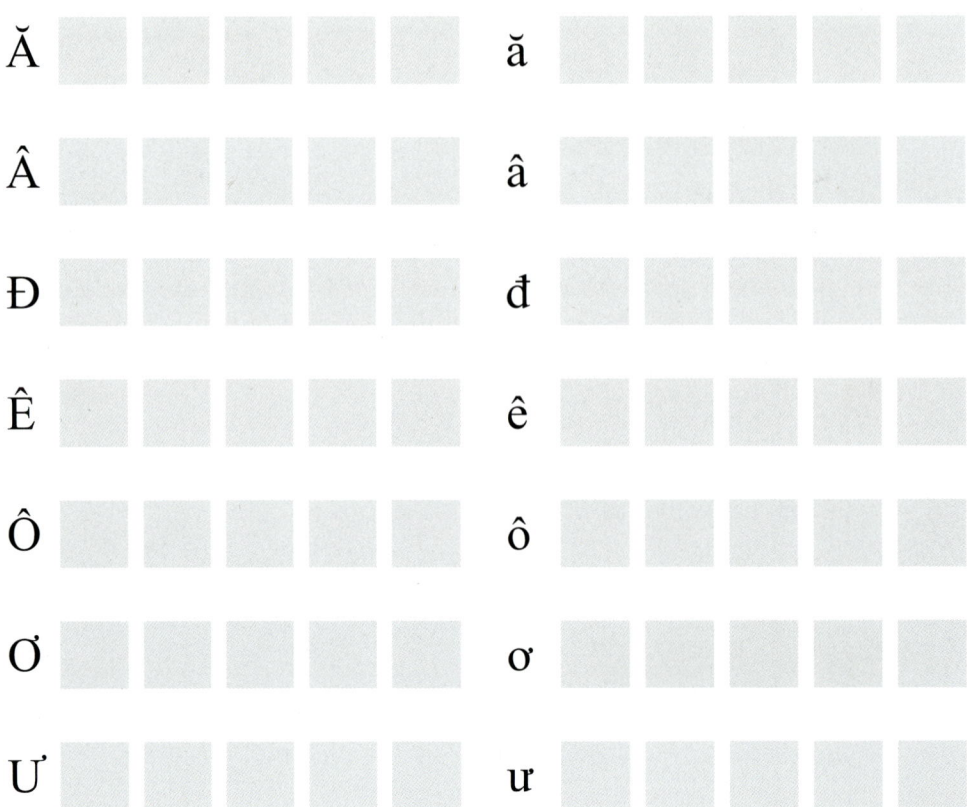

2 베트남어 6성조

어휘의 중심이 되는 모음의 위나 아래에 특정 기호로 표기하고 생긴 모양 대로 발음하면 쉬워요. 같은 문자를 써도 성조에 따라 전혀 다른 뜻이 되므로 어휘를 암기할 때에는 성조까지 한꺼번에 외우는 것이 바람직해요.

성조 모양과 표기

MP3_00_06

차례	성조명	표시	예
1	Thanh ngang 타인 응앙	모음 위 아래 아무런 표시가 없음	ba ma
2	Thanh huyền 타인 후이엔	모음 위에 ` 표시가 있음	bà mà
3	Thanh ngã 타인 응아	모음 위에 ~ 표시가 있음	bã mã
4	Thanh hỏi 타인 호이	모음 위에 ? 표시가 있음	bả mả
5	Thanh sắc 타인 삭	모음 위에 ′ 표시가 있음	bá má
6	Thanh nặng 타인 낭	모음 아래에 . 표시가 있음	bạ mạ

1 표기 없음 : 평성으로 발음해요.

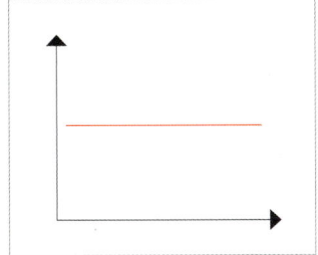

문자, 발음, 성조

2 내려가는 기호 : 서서히 음을 내려가며 발음해요.

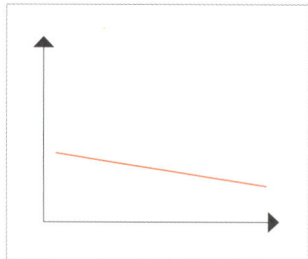

3 물결 기호 : 꺾이는 상승음으로 발음해요.

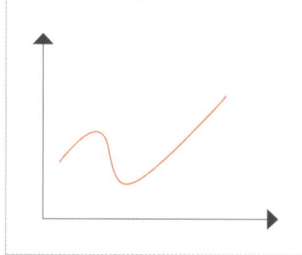

4 물음표 기호 : 물음표 모양처럼 흘려주듯이 발음해요.

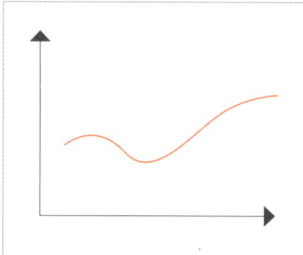

5 올라가는 기호 : 서서히 음을 올려가며 발음해요.

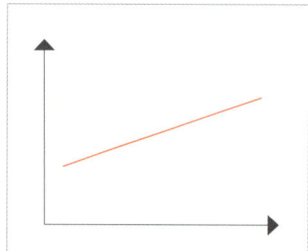

6 점 기호 : 저음으로 짧게 발음해요. 점 기호의 성조만 중심 모음 아래에 위치해요.

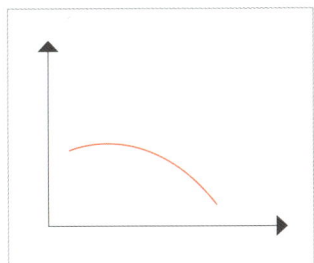

예 Ga 역 Gá 저당잡히다
　 Gà 닭 Gả 시집보내다
　 Gã 녀석, 놈 Gạ 교언영색하다

※ 회화 시 성조는 잘 지켜서 발음하는 것이 중요해요. 성조를 잘 지키지 않으면 전혀 다른 뜻이 되어 베트남 사람들과 의사소통이 어려워요.

성조 표기 방법

🎧 MP3_00_07

1 단어에 모음이 1개 : 모음 위에 표기, 점 성조는 항상 아래에 표기

예 Bố 보 아버지　Mẹ 매 어머니

2 단어에 모음이 2개 + 받침이 없는 단어 : 앞 모음에 표기

예 Báo 바오 신문　Hỏi 호이 질문하다

3 단어에 모음이 2개 + 받침으로 끝나는 단어 : 뒤 모음에 표기

예 Nước 느억 나라, 물　Toán 또안 수학

4 단어에 모음이 3개 + 받침이 없는 단어 : 중간 모음에 표기

예 Người 응어이 사람　Nhiều 니에우 많은

5 단어에 모음이 3개 + 받침으로 끝나는 단어 : 마지막 모음에 표기

예 Nguyễn 응우옌 (베트남 사람의 흔한) 성(姓)　Tuyển 뚜이옌 선택하다, 고르다

문자, 발음, 성조

성조 붙은 단어 써보기

Tôi T → o → ^ → i

Người N → g → u → ˀ → o → ˀ → ˋ → i

Quận Q → u → a → ^ → · → n

thuế T→h→u→e→^→´

Khoảng K→h→o→a→ˀ→n→g

Ngã N→g→a→~

Photo by Rafal Cichawa / Shutterstock.com

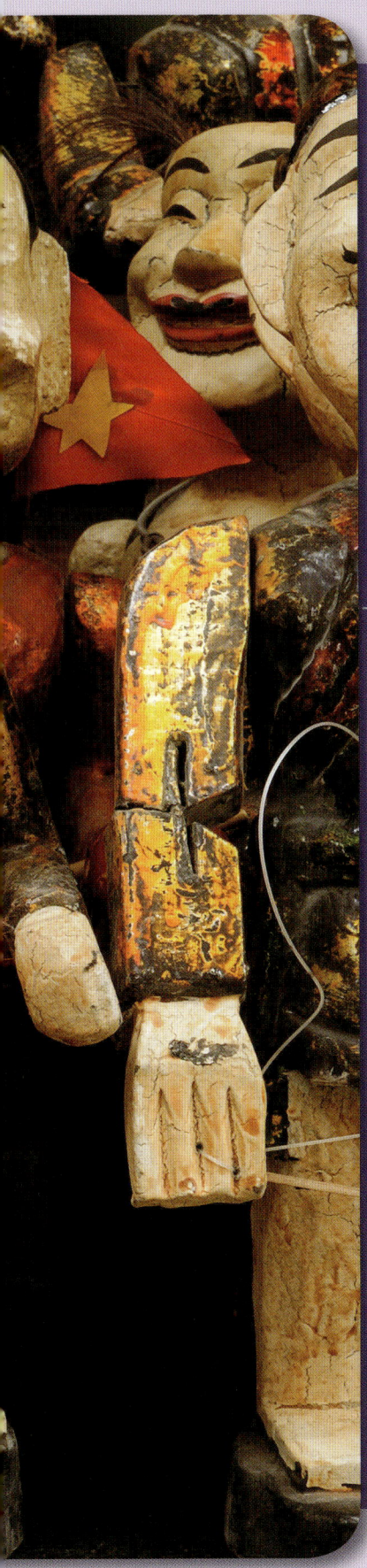

Chapter 1
인사

◉ **회화 포인트**
인사하기
안부 묻기

◉ **문법 포인트**
주요 호칭과 명칭
의문문

01 Xin chào anh!
씬 짜오 아인
청하다 인사하다 당신

🎧 MP3_01_01

안녕하세요, 당신!

● **Xin** 씬 **청하다, 요구하다**

영어의 Please와 유사한 느낌으로 문장의 맨 앞에 위치하여 공손, 예의 바름을 표현해요. 주로 처음 만났을 때, 격식을 차리는 자리, 요청할 때 사용해요.

● **Chào** 짜오 **인사하다, 안녕**

'인사하다'라는 동사로도 쓰이고 상대방을 만났을 때, 헤어질 때 모두 쓸 수 있는 인사말이에요.

● **Anh** 아인 **2인칭, 당신, 젊은 남자, 오빠, 형**

주로 2인칭으로 쓰이며 당신, 젊은 남자, 오빠, 형이라는 뜻으로 상대방에게 쓰는 호칭이에요. 베트남어는 호칭이 발달하여 상대방과의 관계에 따라 나 자신을 칭할 때에도 2인칭을 쓰는 경우가 있으니 호칭을 자세히 알아두세요.

≫ **주요 호칭 및 명칭**

Tôi 또이	나 (절대적 1인칭)	Chị 찌	당신, 젊은 여자, 누나, 언니
Em 앰	너, 동생(남녀)	Cô 꼬	당신, 젊은 아가씨, 고모, 여자 선생님
Chú 쭈	당신, 아저씨, 삼촌	Cháu 짜우	너, 조카(남녀), 손자(남녀)
Ông 옹	당신, 할아버지	Bà 바	당신, 할머니
Bố 보	아버지	Mẹ 매	어머니
Con 꼰	자녀	Con gái 꼰 가이	딸
Con trai 꼰짜이	아들	Chị gái 찌 가이	언니, 누나
Anh trai 아인짜이	형, 오빠	Em gái 앰 가이	여동생
Em trai 앰짜이	남동생		

*여자는 Gái(가이), 남자는 Trai(짜이)가 쓰인다.

단어정리

xin 청하다, 요구하다
chào 인사하다, 안녕
anh 당신, 젊은 남자, 오빠, 형

02 Anh có khỏe không?
아인 꼬 코애 콩
당신   잘 지내는

🎧 MP3_01_02

당신은 잘 지내요?

● **Khỏe** 코애 건강한, 잘 지내는

안부를 물어볼 때 항상 쓰여요. 베트남어는 형용사가 바로 동사 역할까지 해요.

● **Có** 꼬 + 형용사/동사 + **Không** 콩 ~이에요? ~ 해요?

Có + 형용사/동사 + Không? ⇒ 형용사/동사 + ~해요? 형태로 형용사/동사 뒤 문장 끝에 Không이 쓰이면 의문문을 만들 수 있어요. (Có 꼬)는 생략이 가능하므로 Khỏe không?이라고 가볍게 물어볼 수도 있어요.

* Không + 형용사/동사 → '형용사/동사 아니에요.'의 형태로, Không을 형용사/동사 앞에 쓰면 부정문을 만들 수 있어요. 예를 들어, 'Không khỏe.'라고 쓰이면 '건강하지 않아요, 잘 지내지 않아요.'의 뜻이에요.

📖 **단어정리**

khỏe 건강한, 잘 지내는

03

Tôi khỏe. Còn anh?
또이 코애 꼰 아인
저   잘 지내는 그러면 당신

MP3_01_03

저는 잘 지내요. 당신은요?

● **Tôi** 또이   나, 저 (1인칭)

상대방과의 관계를 제외하고 일반적으로 사용하는 1인칭 호칭이에요.

● **Còn** 꼰   그러면, 그럼, 그런데

접속사로 문장 앞에 쓰여요.
Còn anh thế nào?(그러면 당신은 어때요?)에서 thế nào가 생략된 것이에요.

단어정리

tôi 나, 저
còn 그러면, 그럼, 그런데
thế nào 어때요, 어떻게

04 Tôi cũng khỏe. Cảm ơn anh.

또이 꿍 코애 깜 언 아인
저 역시 잘 지내는 고마워요 당신

🎧 MP3_01_04

저도 잘 지내요. 고마워요.

● **Cũng** 꿍 역시, 또한

주어 바로 다음에 위치해서 쓰여요.

● **Cảm ơn** 깜 언 고마워요, 감사해요

고마움과 감사의 표현으로 관용적으로 사용되는 표현이에요. 성조를 바꿔 Cám ơn이라 쓰기도 해요.

≫ 자주 사용되는 관용어 표현

| Không có gì 콩 꼬 지 천만에요. (Cảm ơn의 대답) |
| Xin lỗi 씬 로이 미안해요. 실례해요. |
| Không sao 콩 사오 괜찮아요. (Xin lỗi의 대답) |
| Tạm biệt 땀 비엣 ①잘 가요. (헤어질 때 인사) ②잘 지내요. |

 단어정리

cũng 역시, 또한
cảm ơn 고마워요, 감사해요

회·화·술·술

발음 써보기 서로의 안부를 묻고 있어요. 🎧 MP3_01_05

A Xin chào anh!

   Anh có khỏe không?

B Tôi khỏe. Còn anh?

A Tôi cũng khỏe. Cảm ơn anh.

A 안녕하세요, 당신!
  당신은 잘 지내요?
B 저는 잘 지내요. 그런데 당신은요?
A 저도 잘 지내요. 고마워요.

단어정리

xin 청하다, 요구하다
anh 당신, 젊은 남자, 오빠, 형
tôi 나, 저
cũng 역시, 또한

chào 인사하다, 안녕
khỏe 건강한, 잘 지내는
còn 그러면, 그럼, 그런데
cảm ơn 고마워요, 감사해요

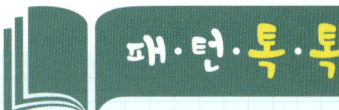

01 🎧 MP3_01_06

안녕하세요, 당신!

Xin chào anh!
씬 짜오 아인

① **Chị** 찌 당신, 여자, 누나, 언니
② **Thầy** 터이 남자 선생님
③ **Các bạn** 깍 반 여러분, 친구들

02 🎧 MP3_01_07

당신은 잘 지내요?

Anh có khỏe không?
아인 꼬 코애 콩

① **Bố (của) anh** 보 (꾸어) 아인 당신의 아버지
② **Chị gái (của) anh** 찌 가이 (꾸어) 아인 당신의 누나
③ **Em trai (của) anh** 앰 짜이 (꾸어) 아인 당신의 남동생

- **Của** 꾸어 '~의, ~의 것(이다)'라는 의미의 소유격으로 생략되기도 한다.
- **A của B**는 'B의 A'로 해석한다.

03

🎧 MP3_01_08

그러면 당신은요?

Còn anh?
꼰 / 아인

① **Các em** 깍 앰 너희들
② **Anh ấy** 아인 어이 그
③ **Các cô ấy** 깍 꼬 어이 그녀들

💡 **인칭 붙이는 방법**

2인칭 복수 : Các 깍 + 호칭
Các anh 깍 아인 당신들 (젊은 남자)
Các chị 깍 찌 당신들 (젊은 여자)

3인칭 단수 : 호칭 + ấy 어이
Cô ấy 꼬 어이 그녀
Ông ấy 옹 어이 그 (남자 노인)

3인칭 복수 : Các 깍 + 호칭 + ấy 어이
Các bà ấy 깍 바 어이 그녀들 (여자 노인들)
Các em ấy 깍 앰 어이 그애들

04

🎧 MP3_01_09

저도 잘 지내요.

Tôi cũng khỏe.
또이 / 꿍 / 코애

① **Vui** 부이 기쁜
② **Hạnh phúc** 하인 푹 행복한
③ **Xúc động** 쑥 동 감동하다

문·제·척·척

1 빈칸에 알맞은 베트남어 문자를 써 보세요.

1 Chà^{짜오}   인사하다, 안녕

2 An^{아인}   당신, 형, 오빠, 젊은남자

3 Kh ng^콩   ~이에요? ~해요?

4 ẹ^매   어머니

2 단어의 위 아래에 알맞은 성조를 써 보세요.

1 Khoe 코애   건강한, 잘 지내는

2 Con 꼰   그러면, 그런데

3 Cam ơn 깜언   고마워요

4 Cung 꿍   역시, 또한

3 본문 내용과 발음을 참고하여 빈 칸에 알맞은 단어를 써 보세요.

A   씬   짜오   아인!
   [ ] chào anh!

안녕하세요, 당신!

아인 꼬 코애 콩
[ ] có khỏe không?

당신 잘 지내요?

B 깜 언 아인 또이 코애
   [ ] [ ] anh. Tôi [ ].

고마워요. 저는 잘 지내요.

꼰 아인
[ ] anh?

그런데 당신은요?

A 또이 꿍 코애
   Tôi [ ] khỏe.

저도 잘 지내요.

Chapter 2
국적

◉ **회화 포인트**
국적 묻고 대답하기
반가움 표현하기

◉ **문법 포인트**
주요 나라와 국적
Là 서술 표현

문·법·콕·콕

01
MP3_02_01

아인 라 응어이 느억 나오
Anh là người nước nào?
당신 ~이다 사람 나라 어느

당신은 어느 나라 사람이에요?

● **Là** 라 ~이다

동사 là(~이다)는 주어 뒤에서 술어 역할을 해요. 'A là B'는 'A는 B이다'라고 해석해요. là 뒤에는 주로 명사가 옵니다. 주어의 인칭에 관계 없이 오직 là 하나만 써요.

● **Người** 응어이 사람

Người는 사람이라는 뜻의 명사로 우리말로 보면 3개의 음절로 이루어진 한 단어이지만 발음 할 때는 마치 한 음절로 이루어진 것처럼 발음에 유의해야 해요.

● **Nước** 느억 나라, 물

본문에서는 나라라는 뜻으로 쓰였고 물이라는 뜻도 있어요.
국가는 Quốc gia 꾸옥쟈라고 씁니다.

● **Nào** 나오 어떤, 어느

의문문에서 '어느, 어떤'이란 뜻으로 명사 다음에 위치해서 써요.

단어정리

anh 당신, 젊은 남자, 오빠, 형
là ~이다
người 사람
nước 나라, 물
nào 어떤, 어느
quốc gia 국가

02 Tôi là người Hàn Quốc.
또이 라 응어이 한 꾸옥
나 ~이다 사람 한국

🎧 MP3_02_02

저는 한국 사람이에요.

● Là 라 ~이다 (부정문)

là는 '~이다'라는 의미예요. 부정문은 Không phải là 콩 파이 라 (~가 아니다)를 써요.

A không phải là B = A는 B가 아니다.

예) Tôi không phải là người Hàn Quốc.   저는 한국 사람이 아니에요.

● Hàn Quốc 한 꾸옥 한국

〈사람 + 나라〉의 형태로 쓰여서 Người Hàn Quốc 응어이 한 꾸옥 은 한국 사람이라는 뜻이에요. 베트남어는 주로 뒤에서 수식해서 해석합니다.

≫ 주요 나라

Việt Nam 비엣 남 베트남	Anh 아인 영국	Đức 득 독일
Pháp 팝 프랑스	Ý 이 이탈리아	Nga 응아 러시아
Mỹ 미 미국	Canađa 까나다 캐나다	Nhật Bản 녓 반 일본
Trung Quốc 쭝 꾸옥 중국	Úc 욱 호주	Campuchia 깜뿌찌어 캄보디아
Thái Lan 타이 란 태국	Lào 라오 라오스	Nước ngoài 느억 응오아이 외국

📖 단어정리

tôi 나, 저
là ~이다
người 사람
Hàn Quốc 한국

03

또이 라 응어이 비엣 남
Tôi là người Việt Nam.
저 ~이다 사람 베트남

MP3_02_03

젓 부이 드억 갑 아인
Rất vui được gặp anh.
아주 기쁜 ~하게 되다 만나다 당신

저는 베트남 사람이에요. 당신을 만나게 되어 아주 기뻐요.

● **Việt Nam** 비엣 남   베트남

나라나 지명이 두 음절 이상으로 이루어진 고유명사는 첫 음절의 알파벳을 대문자로 써요.

예 Hà Nội 하 노이 하노이, Thành Phố. Hồ Chí Minh 타인 포. 호 찌 민 호찌민 시

＊ Thành Phố 타인 포 도시라는 뜻으로 베트남 국민 영웅 호찌민 주석과 구별하기 위해 호찌민 시 앞에는 Thành Phố 타인 포, 줄여서 TP.라고 반드시 써요.

● **Rất** 젓   아주, 매우

〈Rất + 형용사 = 아주 형용사하다〉의 형태로 형용사 앞에만 써요.

● **Vui** 부이   기쁜, 즐거운

감정을 표현하는 형용사로 처음 만났을 때 '반갑다'라는 의미로 써요.

● **Được** 드억   ~하게 되다, ~할 수 있다

〈 Được + 동사〉는 '동사하게 되다'의 의미예요.

＊ 동사가 앞에 와서 〈동사 + Được〉이 되면 '동사할 수 있다'의 의미로 바뀝니다.

단어정리

Việt Nam 베트남
rất 아주, 매우
vui 기쁜, 즐거운
được ~하게 되다
gặp 만나다
lắm 아주
quá 아주

04

🎧 MP3_02_04

또이	꿍	젓	부이	드억	람	꾸엔
Tôi	cũng	rất	vui	được	làm	quen
저	역시	아주	기쁜	~하게 되다	알고	지내다

버이	아인
với	anh.
~와	당신

저 역시 당신과 알게 되어 아주 기뻐요.

○ **Rất vui** 젓 부이   아주 기쁜

'아주, 매우'를 뜻하는 Rất과 '기쁜, 즐거운'을 뜻하는 vui가 함께 쓰여 본문에서 Rất vui는 '아주 기쁜'이라는 의미로 쓰였습니다.

* 형용사 뒤에만 위치하는 같은 뜻 다른 단어

   Lắm 람 〈형용사 + Lắm 람 : 아주 형용사 하다〉 예 **Khỏe lắm** 코애 람 아주 건강하다

   Quá 꾸아 〈형용사 + Quá 꾸아 : 아주 형용사 하다〉 예 **Hay quá** 하이 꾸아 아주 재미있다

○ **Làm quen** 람 꾸엔   아는 사이다, 알고 지내다

사람끼리 알고 지내다, 사귀다 등의 의미로 써요.

○ **Với** 버이   ~와, ~와 함께

〈Làm quen với 람 꾸엔 버이 + 호칭〉 '~와 알고 지내다, 친하게 지내다, 사귀다'라는 관용적인 표현으로 써요.

📖 **단어정리**

cũng 역시, 또한
rất 아주, 매우
vui 기쁜, 즐거운
được ~하게 되다
làm quen 아는 사이다, 알고 지내다
với ~와, ~와 함께

회·화·술·술

발음 써보기 서로의 국적을 이야기하고 있어요. 🎧 MP3_02_05

A Anh là người nước nào?

B Tôi là người Hàn Quốc.

A Tôi là người Việt Nam.

   Rất vui được gặp anh.

B Tôi cũng rất vui được làm quen với anh.

A 당신은 어느 나라 사람이에요?
B 저는 한국 사람이에요.
A 저는 베트남 사람이에요. 당신을 만나게 되어 아주 기뻐요.
B 저도 당신을 알게 되어 아주 기뻐요.

📖 단어정리

anh 당신, 젊은 남자, 오빠, 형
người 사람
nào 어떤, 어느
Hàn Quốc 한국
rất 아주, 매우
được ~하게 되다
cũng 역시, 또한
với ~와, ~와 함께

là ~이다
nước 나라, 물
tôi 나, 저
Việt Nam 베트남
vui 기쁜, 즐거운
gặp 만나다
làm quen 아는 사이다, 알고 지내다

01 🎧 MP3_02_06

당신은 어느 나라 사람이에요?

아인 라 응어이 느억 나오
Anh là người nước nào?

① **Cô ấy** 꼬어이 그녀
② **Họ** 호 그들
③ **Em** 앰 너

02 🎧 MP3_02_07

저는 한국인이에요.

또이 라 응어이 한 꾸옥
Tôi là người **Hàn Quốc.**

① **Trung Quốc** 쭝꾸옥 중국
② **Mỹ** 미 미국
③ **Nước ngoài** 느억 응오아이 외국

03

🎧 MP3_02_08

당신을 만나게 되어 아주 기뻐요.

<u>젓</u>   <u>부이</u>   <u>드억</u>   <u>갑</u>   <u>아인</u>
Rất **vui** được gặp anh.

① **May** 마이   행운인
② **Vinh dự** 빈즈   영광인
③ **Hân hạnh** 헌하인   기쁜

04

🎧 MP3_02_09

저도 당신과 알게 되어 아주 기뻐요.

<u>또이</u>   <u>꿍</u>   <u>젓</u>   <u>부이</u>   <u>드억</u>   <u>람</u>   <u>꾸엔</u>   <u>버이</u>   <u>아인</u>
Tôi cũng rất vui được **làm quen với** anh.

① **Gặp** 갑   만나다
② **Nói chuyện với** 노이 쭈이엔 버이   ~와 이야기하다
③ **Giới thiệu** 져이 티에우   소개하다

Chapter 2 국적 | 51

 문·제·척·척

1 단어의 위 아래에 알맞은 성조를 써 보세요.

1   Người 응어이   사람

2   Nước 느억   나라, 물

3   Rất 젓   아주, 매우

4   Được 드억   ~하게 되다, ~할 수 있다

2 본문 내용과 발음을 참고하여 빈 칸에 알맞은 단어를 써 보세요.

　　　　아인　　라　　　　응어이　　　　느억　　나오
A　Anh là 　_____　 nước nào?

　　당신은 어느 나라 사람이에요?

　　　　또이　라　응어이　　　　한　　　꾸옥
B　Tôi là người 　_____　_____　.

　　저는 한국 사람이에요.

　　　　또이　라　응어이　　　비엣　　남
A　Tôi là người 　_____　_____　.

　　　　젓　　부이　　드억　　갑　아인
　　Rất _____ được gặp anh.

　　저는 베트남 사람이에요. 당신을 만나게 되어 아주 기뻐요.

　　　　또이　꿍　　젓　부이　드억　　람　　　꾸엔　　버이　아인
B　Tôi cũng rất vui được _____ _____ với anh.

　　저도 당신과 알게 되어 아주 기뻐요.

Chapter 1~2 주요 문법 및 표현

- **인사할 때**

    Xin chào + 호칭 ➡ (호칭에게) 안녕하세요, 안녕히 계세요.

- **일반 형용사/동사의 문장 의문문 만드는 방법**

    주어 + Có + 형용사/동사 + Không? ➡ 주어는 형용사/동사 해요?

- **일반 형용사/동사의 문장 부정문 만드는 방법**

    주어 + Không + 형용사/동사 ➡ 주어는 형용사/동사 ~아니에요.

- **주어의 상태를 나타내는 동사 là**

    주어 + là + 보어 ➡ 주어는 보어예요.

- **주어의 상태를 나타내는 동사 là의 부정문**

    주어 + không phải là + 보어 ➡ 주어는 보어가 아니에요.

- **형용사를 강조하는 정도를 나타내는 부사**

    Rất + 형용사
    　　형용사 + Lắm
    　　형용사 + Quá
    ➡ 아주 형용사 해요.

- **위치에 따라 뜻이 달라지는 조동사**

    Được + 동사 ➡ 동사 하게 되다.
    동사 + Được ➡ 동사 할 수 있다.

앞에서 배운 내용을 생각하며 읽어보세요.

- **기본적인 관용표현**

  Xin chào → 안녕하세요, 안녕히 계세요. (만났을 때, 헤어질 때)
  Cảm ơn → 고마워요. **Không có gì** → 천만에요. (감사)
  Xin lỗi → 미안해요. **Không sao** → 괜찮아요. (사과)
  Rất vui được gặp + 호칭 → (호칭을) 만나서 반가워요. (만났을 때)
  Tạm biệt → 잘 가요, 잘 지내세요. (헤어질 때)

- **인칭**

1인칭 단수 Tôi 나 (절대적)	1인칭 복수 Chúng tôi 우리(상대를 포함하지 않음.) Chúng ta 우리(상대를 포함함.)
2인칭 단수 Anh, Chị, Em…	2인칭 복수 Các anh, Các chị Các em…
3인칭 단수 Anh ấy, Chị ấy, Em ấy…	3인칭 복수 Các anh ấy, Các chị ấy, Các em ấy…

- **인칭 붙이는 방법**

  2인칭 복수 : Các 깍 + 호칭
  예 **Các anh** 깍 아인 당신들 (젊은 남자), **Các chị** 깍 찌 당신들 (젊은 여자)

  3인칭 단수 : 호칭 + ấy 어이
  예 **Cô ấy** 꼬 어이 그녀, **Ông ấy** 옹 어이 그 (남자 노인)

  3인칭 복수 : Các 깍 + 호칭 + ấy 어이
  예 **Các bà ấy** 깍 바 어이 그녀들 (여자 노인들), **Các em ấy** 깍 앰 어이 그애들

- **국적 말하기**

  〈사람 + 나라〉의 형태로 뒤에서 앞으로 수식하는 방식
  예 **người Hàn Quốc** 한국 사람, **người Việt Nam** 베트남 사람
  Tôi là người Hàn Quốc. → 저는 한국 사람입니다.

Chapter 1~2 주요 문법 및 표현 | 55

Chapter 1~2 주요 문법 및 표현

● **자주 쓰는 호칭**

Tôi 또이	나 (절대적1인칭)	**Chị** 찌	당신, 젊은 여자, 누나, 언니
Em 앰	너, 동생(남녀)	**Cô** 꼬	당신, 젊은 아가씨, 고모, 여자 선생님
Chú 쭈	당신, 아저씨, 삼촌	**Cháu** 짜우	너, 조카(남녀), 손자(남녀)
Ông 옹	당신, 할아버지	**Bà** 바	당신, 할머니
Bố 보	아버지	**Mẹ** 매	어머니
Con gái 꼰 가이	딸	**Con trai** 꼰 짜이	아들
Chị gái 찌 가이	언니, 누나	**Anh trai** 아인 짜이	형, 오빠
Em gái 앰 가이	여동생	**Em trai** 앰 짜이	남동생
Bố mẹ 보 매	부모	**Con** 꼰	자녀

● **주요 나라**

Việt Nam 비엣 남	베트남	**Anh** 아인	영국
Đức 득	독일	**Pháp** 팝	프랑스
Ý 이	이탈리아	**Nga** 응아	러시아
Mỹ 미	미국	**Canađa** 까나다	캐나다
Nhật Bản 녓 반	일본	**Trung Quốc** 쭝 꾸옥	중국
Úc 욱	호주	**Thái Lan** 타이 란	태국
Campuchia 깜뿌찌어	캄보디아	**Lào** 라오	라오스
Nước ngoài 느억 응오아이	외국		

Chapter 1~2 복습 회화정리

Chapter 1 인사

- **Xin chào anh!**
  안녕하세요, 당신!

- **Anh có khỏe không?**
  당신은 잘 지내요?

- **Tôi khỏe. Còn anh?**
  저는 잘 지내요. 당신은요?

- **Tôi cũng khỏe. Cảm ơn anh.**
  저도 잘 지내요. 고마워요.

Chapter 2 국적

- **Anh là người nước nào?**
  당신은 어느 나라 사람이에요?

- **Tôi là người Hàn Quốc.**
  저는 한국 사람이에요.

- **Tôi là người Việt Nam. Rất vui được gặp anh.**
  저는 베트남 사람이에요. 당신을 만나게 되어 아주 기뻐요.

- **Tôi cũng rất vui được làm quen với anh.**
  저 역시 당신과 알게 되어 아주 기뻐요.

Photo by saravutpics / Shutterstock.com

Chapter 3

이름과 나이

- **회화 포인트**
  이름 묻고 답하기
  나이 묻고 답하기

- **문법 포인트**
  Là 부정형, 의문형
  의문사 Gì
  숫자

문·법·콕·콕

01

씬 로이   아인   뗀 라 지
Xin lỗi. Anh tên là gì?
실례합니다 당신 이름 ~이다 무엇

실례합니다. 당신은 성함이 어떻게 되세요?

MP3_03_01

● **Xin lỗi** 씬 로이 실례합니다

단독으로 쓰이는 관용표현입니다. '미안해요, 실례해요'라는 뜻으로, 처음 보는 사람이나 실례를 범하지 않기 위해 자주 사용하는 공손한 표현입니다. 영어의 Excuse me라고 생각하면 돼요.

● **Tên** 뗀 이름

'상대방에게 불리는 이름'이라는 뜻으로 성은 Họ 호라고 해요. 우리말에 맞게 높임 표현으로 성함이라고 해석했어요.

● **Gì** 지 무엇

의문사이며, '무엇, 무슨' 등을 물을 때 써요. 의문사는 대부분 문장의 가장 마지막에 위치해요. '무슨 이름'은 'Tên gì'라고 표현해요.

* Anh tên là gì? 아인 뗀 라 지 "당신은 성함이 어떻게 되세요?"라는 문장은 관용적으로 굳어져 쓰는 문장으로, 문장의 어순이 유연한 베트남어답게 Anh과 Tên의 위치를 바꾸어 'Tên anh là gì?'라고도 써요. 이 문장은 'Tên (của) anh là gì?'에서 소유격에 해당하는 'của 꾸어 (~의)'가 생략되었다고 보면 돼요.

xin lỗi 실례합니다
tên 이름
là ~이다
gì 무엇
của ~의

02

_{또이   뗀   라   여   정}
Tôi tên là Yeo Jeong.
_{저   이름   ~이다   여정}

MP3_03_02

저는 이름이 여정이에요.

● 대답할 때도 tôi 또이와 tên 뗀을 바꿔서 'Tên tôi là Yeo Jeong.'이라고 대답할 수 있어요.

＊ 또는 "Tôi là Yeo Jeong. (저는 여정이에요)"이라고 가볍게 답할 수 있어요.

● **Không phải là**

Là 라 '~이다'의 부정문은 〈Không phải là〉입니다.

Tôi tên <u>không phải là</u> Yeo Jeong. _{또이 뗀 콩 파이 라 여정}
<u>　　　　~가 아니다</u>
저는 이름이 여정이 아니에요.

● **là~, phải không?**

Là 라 '~이다'의 의문문은 〈là ~ , phải không?〉이에요.

'A là B, phải không?'은 'A는 B예요?', 'A는 B예요, 맞죠?'라고 해석합니다.

Chị tên là Yeo Jeong, <u>phải không</u>? _{찌 뗀 라 여정 파이 콩}
<u>　　　　　　　~이지요?</u>
당신은 이름이 여정이에요, 맞죠?
당신은 이름이 여정이에요?

tên 이름
là ~이다

문·법·콕·콕

03   Năm nay anh bao nhiêu tuổi?
남　나이　아인　바오　니에우　뚜오이
올해　　　　당신　얼마나　　많은　　나이

🎧 MP3_03_03

올해 당신은 나이가 어떻게 되세요?

● **Năm nay** 남 나이   올해

단어를 풀이하면 Năm 남 해, 년, Nay 나이 (명사를 뒤에서 수식하는 지시형용사) '이', 즉 '이 해, 이번 해, 올해'라는 뜻으로 써요.

● **Bao nhiêu** 바오 니에우   얼마나 많은

주로 10 이상의 수량을 물어볼 때 쓰이는 표현으로 나이를 물어볼 때 일반적으로 써요. 우리말로는 자연스럽게 나이가 어떻게 되는지 묻는 것으로 해석하면 돼요.

✱ 10 이하의 수량을 물어 볼 때는 주로 Mấy 머이(몇)이라는 표현을 써요. 나이를 물어 볼 때도 10살 이하의 어린이에게는 "Mấy tuổi? 머이 뚜오이? (몇 살?)"이라 물으면 돼요.

● **Tuổi** 뚜오이   나이, 연령, 세

나이를 물어볼 때 'Bao nhiêu tuổi? 바오 니에우 뚜오이? (나이가 어떻게 되세요?)' 라고 합니다. 관용적으로 굳어진 표현이에요.

✱ Năm nay 남 나이 올해

   Năm ngoái 남 응오아이 (=Năm trước 남 쯔억) 지난해

   Năm sau 남 사우 (=Sang năm 상 남) 내년

📖 단어정리

năm nay 올해
bao 얼마나
nhiêu 많은
tuổi 나이, 연령, 세
mấy 몇

04

MP3_03_04

남	나이	또이	바	므어이	람	뚜오이
Năm nay	tôi	ba mươi lăm	tuổi.			

올해 | 저 | 35 | 세

올해 저는 35살이에요.

● **ba mươi lăm** 바므어이람 35

베트남어는 의문사에 해당하는 단어의 위치에 답을 넣어서 대답해요. 본문의 나이를 묻는 질문에서 의문사에 해당하는 'Bao nhiêu 바오 니에우 (얼마나 많은)' 부분에 35라는 나이를 넣어서 대답했어요.

≫ 숫자

1 Một 못	2 Hai 하이	3 Ba 바	4 Bốn 본	5 Năm 남
6 Sáu 사우	7 Bảy 바이	8 Tám 땀	9 Chín 찐	10 Mười 므어이

11 **Mười một** 므어이 못
15 **Mười lăm** 므어이 람 (15, 25, 35~이상의 숫자의 1의 자리 5는 lăm으로 바뀌어요.)
20 **Hai mươi** 하이 므어이
   (20, 30, 40~이상의 숫자의 1의 자리 0은 Mươi 표기 없는 성조로 바뀌어요.)
31 **Ba mươi mốt** 바므어이 못
   (21, 31, 41~이상의 숫자의 1의 자리 1은 Mốt 위로 올라가는 성조로 바뀌어요.)
100 **Một trăm** 못 짬   1000 **Một nghìn** 못 응인
1,000,000 **Một triệu** 못 찌에우   100,000,000 **Một trăm triệu** 못 짬 찌에우

năm nay 올해
ba mươi lăm 35
tuổi 나이, 연령, 세

발음 써보기 이름과 나이를 묻고 있어요. 🎧 MP3_03_05

A Xin lỗi. Anh tên là gì?

B Tôi tên là Yeo Jeong.

A Năm nay anh bao nhiêu tuổi?

B Năm nay tôi ba mươi lăm tuổi.

A 실례합니다. 당신은 성함이 어떻게 되세요?
B 저는 이름이 여정이에요.
A 올해 당신은 나이가 어떻게 되세요?
B 올해 저는 35살이에요.

 단어정리

xin lỗi 실례합니다
là ~이다
bao 얼마나
tuổi 나이, 연령, 세
ba mươi lăm 35
tên 이름

gì 무엇
năm nay 올해
nhiều 많은

01
🎧 MP3_03_06

당신은 성함이 어떻게 되세요?

<u>아인</u> 뗀 라 지
Anh tên là gì?

① **Chị gái của anh** 찌 가이 꾸어 아인   당신의 누나
② **Anh trai của chị** 아인 짜이 꾸어 찌   당신의 오빠
③ **Bạn gái** 반 가이   여자친구 (**Bạn trai** 반 짜이   남자친구)

02
🎧 MP3_03_07

저는 이름이 여정이에요.

또이 뗀 라 여 정
Tôi tên là Yeo Jeong.

① **Bạn thân** 반 턴   친한 친구
② **Thầy ấy** 터이 어이   그 (남자)선생님
③ **Con gái (của) tôi** 꼰 가이 (꾸어) 또이   나(의)/저(의) 딸

03

🎧 MP3_03_08

올해 당신은 나이가 어떻게 되세요?

<u>남</u>　<u>나이</u>　<u>아인</u>　<u>바오</u>　<u>니에우</u>　<u>뚜오이</u>
Năm nay anh bao nhiêu tuổi?

① **Năm ngoái** 남 응오아이　작년 (=Năm trước 남 쯔억)
② **Năm sau** 남 사우　내년 (=Sang năm 상 남)
③ **Năm sau nữa** 남 사우 느어　내후년

📎 **단어**
nữa (추가의 의미) 더

04

🎧 MP3_03_09

올해 저는 35살이에요.

<u>남</u>　<u>나이</u>　<u>또이</u>　<u>바</u>　<u>므어이</u>　<u>람</u>　<u>뚜오이</u>
Năm nay tôi **ba mươi lăm** tuổi.

① **Mười tám** 므어이 땀　18
② **Hai mươi sáu** 하이 므어이 사우　26
③ **Bốn mươi bảy** 본 므어이 바이　47

1 빈칸에 알맞은 베트남어 문자와 성조를 써 보세요.

            떈
1   T◻n 이름

            남
2   N◻m 해, 년

           뚜오이
3   Tu◻i 나이, 연령, 세

           못
4   M◻t (숫자) 1

2 본문 내용과 발음을 참고하여 빈 칸에 알맞은 단어를 써 보세요.

A Xin lỗi. Anh tên là <u>　　</u> ?
　　씬 로이. 아인 뗀 라   지

실례합니다. 당신은 성함이 어떻게 되세요?

B Tôi <u>　　</u> là Yeo Jeong.
　　또이 뗀   라 여 정

저는 이름이 여정이에요.

A Năm nay anh bao nhiêu <u>　　</u> ?
　　남 나이 아인 바오 니에우 뚜오이

올해 당신은 나이가 어떻게 되세요?

B Năm nay tôi <u>　　</u> <u>　　</u> tuổi.
　　남 나이 또이 바   므어이 람 뚜오이

올해 저는 35살이에요.

Photo by Phuong-Thao / shutterstock.com

Chapter 4

가족

◉ **회화 포인트**
가족에 대해 묻고 답하기

◉ **문법 포인트**
수량을 물어보는 표현
Có 부정문과 의문문

01 Gia đình (của) anh có mấy người?
쟈 딘 (꾸어) 아인 꼬 머이 응어이
가족 (~의) 당신 있다 몇 사람

🎧 MP3_04_01

당신의 가족은 몇 명이에요?

● **Gia đình** 쟈 딘 가정, 가족

소유격인 của꾸어(~의)는 생략이 가능하고 của가 사용된 주어 부분의 해석 순서는 1. Anh(당신) → 2. (Của)(~의) → 3. Gia đình(가정) 이렇게 오른쪽에서 왼쪽으로 해석하면 돼요.

● **Có** 꼬 있다, 가지고 있다

Có 꼬 + 명사 : (명사)가 있다, (명사)를 가지고 있다

● **Mấy** 머이 몇

10 이하의 수량을 물어볼 때 사용한다고 배웠죠? 일반적으로 가족 구성원도 10명이 안 되는 경우가 많기 때문에 Mấy(몇)라는 의문사를 써요.

● **Người** 응어이 사람

국적을 말할 때 사용했던 Người 응어이라는 단어입니다. 몇 명인지 물을 때 Mấy người 머이 응어이 (몇 명, 몇 사람)라고 써요.

📖 단어정리
gia đình 가정, 가족
của ~의
có 있다, 가지고 있다
mấy 몇
người 사람

02

Gia đình (của) tôi có bốn người.
쟈 딘 (꾸어) 또이 꼬 본 응어이
가족 (~의) 저 있다 4 사람

MP3_04_02

저의 가족은 네 명이에요.

● **Bốn** 본 4

앞 과에서 배운 대로 의문사 자리에 바로 대답을 넣어서 대답해요. Mấy người(몇 명)이라고 물어서 Bốn người(네 명)이라고 대답했어요.

● **Có** 꼬 부정문과 의문문

부정문) Không 콩 + Có 꼬 + 명사 : (명사)가 없다. / (명사)를 가지고 있지 않다.

예 **Không có sách.** 콩꼬사익 책이 없어요, 책을 가지고 있지 않아요.

의문문) Có 꼬 + 명사 + Không 콩? (명사)가 있어요? / (명사)를 가지고 있어요?

예 **Có sách không?** 꼬사익콩 책이 있어요?, 책을 가지고 있어요?

단어정리

gia đình 가정, 가족
của ~의
có 있다, 가지고 있다
bốn 4
người 사람

문·법·콕·콕

03

보 매 앰 짜이 바 또이
Bố, mẹ, em trai và tôi.
아버지 어머니 남동생 ~과 저

🎧 MP3_04_03

아버지, 어머니, 남동생과 저예요.

● **Và** 바 ~와, ~과, 그리고

접속사로서 같은 성질을 가진 명사를 연결할 때 써요. 나열되는 단어는 쉼표로 연결하고 마지막 남은 단어 바로 앞에 위치해요.

＊ 주요 접속사

- Và 바 그리고

  예 Hà Nội và TP. Hồ Chí Minh 하노이와 호찌민

- Nhưng 니응 그러나, 그럼에도 불구하고

  예 Tôi cao. Nhưng em trai (của) tôi thấp.
  나는 키가 커요. 그러나 나의 남동생은 키가 작아요.

- Tuy nhiên 뚜이 니엔 비록 그렇지만

  예 Anh ấy khó tính. Tuy nhiên tôi thích anh ấy.
  그는 까다로워요. 그렇지만 나는 그를 좋아해요.

- Còn 꼰 그러면

  예 Tôi khỏe. Còn anh? 나는 건강해요. 그러면 당신은요?

단어정리

bố 아버지
mẹ 어머니
em trai 남동생
và ~와, ~과, 그리고
cao 높은, 키가 큰
thấp 낮은, 키가 작은
khó tính 까다로운
thích 좋아하다

04

갸 딘 (꾸어) 또이 찌 꼬 보 매
Gia đình (của) tôi chỉ có bố, mẹ
가족 (~의) 저 단지 있다 아버지 어머니

바 또이 토이
và tôi thôi.
~와 저 ~일 뿐이다

저의 가족은 단지 아버지, 어머니와 저뿐이에요.

🎧 MP3_04_04

● Chỉ 찌 단지

단지, 오직이라는 뜻의 부사로 주어 뒤에 위치해요.

● Thôi 토이 ~뿐이다

문장의 마지막에 위치해요. 주로 〈Chỉ(단지) + ~ Thôi(~뿐이다)〉 형태로 함께 사용해요.

예 **Chỉ có cái này thôi.** 단지 이것만 있을 뿐이에요.

예 **Tôi chỉ nói được tiếng Việt thôi.** 저는 단지 베트남어만 말할 수 있어요.

📖 단어정리

chỉ 단지
bố 아버지
mẹ 어머니
và ~와, ~과, 그리고
thôi ~일 뿐이다
cái này 이것
nói 말하다
tiếng Việt 베트남어

회·화·술·술

발음 써보기 서로의 가족에 대해 말하고 있어요. 🎧 MP3_04_05

A Gia đình (của) anh có mấy người?

B Gia đình (của) tôi có bốn người.

Bố, mẹ, em trai và tôi.

A Gia đình (của) tôi chỉ có bố, mẹ và

tôi thôi.

A 당신의 가족은 몇 명이에요?
B 저의 가족은 네 명이에요.
　　아버지, 어머니, 남동생과 저예요.
A 저의 가족은 아버지, 어머니와 저뿐이에요.

단어정리

gia đình 가정, 가족
có 있다, 가지고 있다
người 사람
bố 아버지
em trai 남동생
chỉ 단지

của ~의
mấy 몇
bốn 4
mẹ 어머니
và ~와, ~과, 그리고
thôi ~일 뿐이다

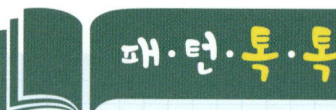

01 🎧 MP3_04_06

당신의 가족은 몇 명이에요?

꺄 딘 (꾸어) 아인 꼬 머이 응어이
Gia đình (của) anh có mấy **người**?

① **Chó** 쪼 강아지
② **Sách** 사익 책
③ **Bút** 붓 펜

① **Con** 꼰 마리
② **Quyển** 꾸이엔 권
③ **Cái** 까이 개

02 🎧 MP3_04_07

저의 가족은 네 명이에요.

꺄 딘 (꾸어) 또이 꼬 본 응어이
Gia đình (của) tôi có **bốn** người.

① **Ba** 바 셋
② **Năm** 남 다섯
③ **Sáu** 사우 여섯

03
🎧 MP3_04_08

아버지, 어머니, 남동생과 저예요.

보   매   앰 짜이   바   또이
Bố, mẹ, em trai và tôi.

① **Anh trai** 아인 짜이   형 (오빠)
② **Em gái** 앰 가이   여동생
③ **Chị gái** 찌 가이   언니 (누나)

04
🎧 MP3_04_09

저의 가족은 단지 아버지, 어머니와 저뿐이에요.

쟈   딘   (꾸어)   또이   찌   꼬   보   매   바   또이
Gia đình (của) tôi chỉ có bố, mẹ và tôi

토이
thôi.

① **Phòng học** 퐁혹   교실
② **Công ty** 꽁띠   회사
③ **Nhà** 냐   집

① **Hai sinh viên** 하이 신 비엔   두 대학생
② **Mười người** 므어이 응어이   열 명
③ **Một con mèo và tôi** 몯 꼰 매오 바 또이
고양이와 나

📖 **단어**

Sinh viên 대학생   **Mèo** 고양이

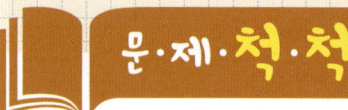

1 빈칸에 알맞은 베트남어 문자와 성조를 써 보세요.

          쟈   딘
1 Gia đ__nh   가족, 가정

      머이
2 M__y   몇

     본
3 B__n   4

     찌
4 Ch__   단지, 오직

2 본문 내용과 발음을 참고하여 빈 칸에 알맞은 단어를 써 보세요.

        쟈   딘   (꾸어) 아인 꼬 머이 응어이

A   ____ ____ (của) anh có mấy người?

당신의 가족은 몇 명이에요?

        쟈   딘 (꾸어) 또이 꼬   본   응어이

B Gia đình (của) tôi có ____ người.

저의 가족은 네 명이에요.

     보   매   앰 짜이   바   또이

   Bố, mẹ, em trai ____ tôi.

아버지, 어머니, 남동생과 저예요.

    쟈   딘 (꾸어) 또이 찌 꼬 보 매 바 또이   토이

A Gia đình (của) tôi chỉ có bố, mẹ và tôi ____.

저의 가족은 단지 아버지, 어머니와 저뿐이에요.

Photo by Quang nguyen vinh / Shutterstock.com

Chapter 5
사는 곳과 직업

⊙ **회화 포인트**
사는 곳 묻고 답하기
직업 묻고 답하기

⊙ **문법 포인트**
장소 표현
의문사 Đâu
직업 표현

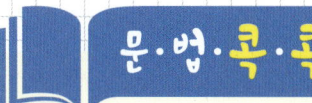

01
MP3_05_01

Anh sống ở đâu?
아인 송 어 더우
당신 살다 ~에 어디

당신은 어디에 살아요?

● **Sống** 송 살다

'살다, 거주하다'라는 동사로 문장의 술어로 쓰였어요.

● **Ở** 어 ~에(서), ~에 있다

본문에서는 Sống 동사 뒤에 와서 '~에(서)'라는 의미로, 장소 앞에 쓰이는 전치사의 형태로 쓰였어요. 단독 동사로 쓰일 때는 '~에 있다'라는 의미도 있어요.

예 Tôi ở nhà. 또이 어 냐   나는 집에 있다.

● **Đâu** 더우 어디

'어디'라는 장소를 물어보는 의문사로 문장의 마지막에 위치해요.

단어정리

sống 살다
ở ~에(서), ~에 있다
đâu (의문문) 어디, (부정문) 강조
nhà 집

02

또이 송 어 하 노이
Tôi sống ở Hà Nội.
저   살다   ~에   하노이

MP3_05_02

저는 하노이에 살아요.

● **Hà Nội** 하 노이 하노이(베트남 수도)

본문에서 Đâu 더우(어디)에 사냐고 물어서 그 위치에 그대로 Hà Nội에 산다고 대답을 했어요.

* Hà Nội 하 노이

  1,000년 이상의 유서 깊은 베트남의 수도 하노이는 Hà 하 (물 하), Nội 노이 (안 내)의 한자 뜻을 가진 베트남어예요. 즉, '물 안'이라는 뜻의 하노이는 실제로 두 강 사이에 있는 도시로, 동남아시아에 속한 도시이지만 사계절이 있는 곳이에요.

단어정리

sống 살다
ở ~에(서), ~에 있다
Hà Nội 하노이(베트남 수도)

하노이

03
MP3_05_03

아인 람 응에 지
Anh làm nghề gì?
당신 하다 직업 무슨

당신은 무슨 일을 하세요?

● **Làm** 람 하다, 일하다, 만들다

다의어인 Làm람이라는 동사는 베트남어에서 많이 써요. 본문에서는 Nghề 응에(직업)이라는 단어가 구체적으로 나와 있으니 여기에서는 '하다'라는 의미로 쓰였어요. 어떤 구체적인 행동을 말하거나 직업을 물어보거나 무엇을 만든다는 의미 등 여러 가지로 자주 쓰므로 반드시 외우세요!

● **Nghề** 응에 직업

Nghề nghiệp 응에 응이엡(직업)이라는 단어를 줄여서 앞 음절만 간단히 썼어요.

≫ **직업 단어**

Bác sĩ 박 시	의사
Luật sư 루엇 스	변호사
Giáo viên 자오 비엔	교사
Sinh viên 신 비엔	대학생
Nhân viên 년 비엔	회사원/직원

단어정리

làm 하다, 일하다, 만들다
nghề 직업
gì 무슨

04 Tôi là nhân viên công ty.
또이 라 년 비엔 꽁 띠
저 ~이다 직원 회사

MP3_05_04

저는 회사원이에요.

● **Nhân viên** 년 비엔 종업원, 직원

Nhăn viên nhà nước 년 비엔 냐 느억 국가 공무원

● **Công ty** 꽁 띠 회사, 직장

Nhân viên이라는 단어와 결합해서 Nhân viên công ty(회사원)이라는 뜻으로 썼어요. 앞 과에서 베트남어는 주로 뒤에서 수식한다고 공부했던 것을 기억하세요.

* Tôi làm việc ở + 일하는 곳 : 저는 ○○○에서 일해요.
* Làm 람(하다) + Việc 비엑(일) → Làm việc 람 비엑(일하다) 많이 쓰이니 기억하세요.
  예 Tôi làm việc ở trường 또이 람 비엑 어 쯔엉 저는 학교에서 일해요.

단어정리

nhân viên 종업원, 직원
công ty 회사, 직장
việc 일
nhà nước 나라, 국가
nhân viên công ty 회사원
nhân viên nhà nước 국가 공무원
trường 학교

회·화·술·술

발음 써보기 사는 곳과 직업을 묻고 있어요. 🎧 MP3_05_05

A   Anh sống ở đâu?

B   Tôi sống ở Hà Nội.

A   Anh làm nghề gì?

B   Tôi là nhân viên công ty.

A   당신은 어디에 살아요?
B   저는 하노이에 살아요.
A   당신은 무슨 일을 하세요?
B   저는 회사원이에요.

단어정리

sống 살다
đâu (의문문) 어디, (부정문) 강조
làm 하다, 일하다, 만들다
gì 무슨
công ty 회사, 직장

ở ~에(서), ~에 있다
Hà Nội 하노이(베트남 수도)
nghề 직업
nhân viên 종업원, 직원

01 🎧 MP3_05_06

당신은 어디에 살아요?

<u>아인</u>   송   어   더우
Anh sống ở đâu?

① **Bạn đồng nghiệp** 반 동 응이엡   동료
② **Giám đốc** 잠 독   사장님
③ **Bố mẹ (của) anh** 보 매 (꾸어) 아인   당신의 부모님

02 🎧 MP3_05_07

저는 하노이에 살아요.

또이   송   어   하   노이
Tôi sống ở **Hà Nội**.

① **Thượng Hải** 트엉 하이   상하이
② **TP. Hồ Chí Minh** 타인포. 호찌민   호찌민시
③ **Mỹ** 미   미국

03
🎧 MP3_05_08

당신은 무슨 일을 하세요?

아인 람 응에 지
Anh làm nghề gì?

① **Cô ấy** 꼬어이 그녀는
② **Bạn (của) anh** 반 (꾸어) 아인 당신의 친구
③ **Em gái (của) anh** 앰 가이 (꾸어) 아인 당신의 여동생

04
🎧 MP3_05_09

저는 회사원이에요.

또이 라 년 비엔 꽁 띠
Tôi là nhân viên công ty.

① **Bác sĩ** 박 시 의사
② **Luật sư** 루엇 스 변호사
③ **Ca sĩ** 까 시 가수

Chapter 5 사는 곳과 직업 | 91

1 빈칸에 알맞은 베트남어 문자와 성조를 써 보세요.

1 S[송]ng 살다

2 Ngh[응에] 직업

3 L[람]m 하다, 일하다, 만들다

4 Nh[년]n vi[비엔]n 직원

2 본문 내용과 발음을 참고하여 빈 칸에 알맞은 단어를 써 보세요.

A　Anh sống ở 　　　　 ?
　　　아인　송　어　　더우

　당신은 어디에 살아요?

B　Tôi 　　　 ở Hà Nội.
　　또이　송　　어 하 노이

　저는 하노이에 살아요.

A　Anh làm 　　　 gì?
　　아인　람　응에　지

　당신은 무슨 일을 하세요?

B　Tôi là nhân viên 　　　 　　　 .
　　또이 라 년 　비엔　꽁　띠

　저는 회사원이에요.

Photo by S J Francis / Shutterstock.com

Chapter 6
시간과 요일

◉ **회화 포인트**
시간 묻고 답하기
요일 묻고 답하기

◉ **문법 포인트**
수량 묻는 표현
서수 표현
요일

01 Bây giờ là mấy giờ?
버이 져 라 머이 져
지금 ~이다 몇 시

MP3_06_01

지금 몇 시예요?

● **Mấy** 머이 몇

주로 10 이하의 숫자를 물을 때 사용하는 의문사에 속하는 단어이지만 시간은 12시까지만 주로 말하기 때문에 사용했습니다.

예 Mấy người 머이 응어이 몇 명(10명 이하)

  Mấy tuổi 머이 뚜오이 몇 살(10살 이하 아이에게)

  Mấy cái 머이 까이 몇 개(10개 이하)

  Mấy con 머이 꼰 몇 마리(10마리 이하)

● **Giờ** 져 시

시간을 나타내는 단위예요. Mấy giờ 머이 져 (몇 시)라는 말을 관용적으로 써요.

* 관용적으로 굳어서 là 라를 생략하고 Bây giờ mấy giờ? 버이 져 머이 져라고도 써요.

단어정리
bây giờ 지금
mấy 몇
giờ 시

02

버이 져 라 사우 져 므어이 풋
Bây giờ là sáu giờ mười phút.
지금 ~이다 6 시 10 분

MP3_06_02

지금은 6시 10분이에요.

○ **Sáu** 사우 6

본문에서 Mấy라고 물어서 의문사 자리에 바로 대답인 Sáu가 쓰였어요.

○ **Phút** 풋 분 (시간을 나타내는 단위), 생략 가능

시간을 말하는 순서는 우리말처럼 시, 분, 초의 순서로 말해요.

* Giây 져이 초 (시간을 나타내는 단위)
* Kém 깸 ~분 전
   Sáu giờ kém mười (phút) 사우 져 깸 므어이 풋 6시 10분 전 즉, 5시 50분

단어정리

bây giờ 지금
sáu 6
giờ 시
mười 10
phút 분
giây 초

03 Hôm nay là (hôm) thứ mấy?
홈 나이 라 (홈) 트 머이
오늘 ~이다 (날) 번째 몇

🎧 MP3_06_03

오늘은 무슨 요일이에요?

● **Hôm nay** 홈 나이 오늘

＊ Hôm qua 홈 꾸아 어제, Ngày mai 응아이 마이 내일

● **Thứ** 트 ~번째 (서수를 쓸 때 사용하는 단어)

〈Thứ + 숫자 : ~번째〉는 서수 표현입니다. 예를 들어, Thứ hai 트 하이(두 번째), Thứ năm 트 남(다섯 번째)라고 쓰면 돼요.

[예외] Thứ nhất 트 녓(첫 번째)이라고 쓰고 Thứ một 트 못이라고 쓰지 않아요.
Thứ tư 트 뜨(네 번째)라고 쓰고 Thứ bốn 트 본이라고 쓰지 않는 점을 주의하세요.

● **(Hôm) thứ mấy** (홈) 트 머이 몇 번째 (날)

달력의 요일에서 몇 번째 날인지 물을 수 있기 때문에 요일을 물을 때 서수 표현을 썼다고 생각할 수 있어요.

[참고] Hôm nay là (hôm) thứ mấy? 홈 나이 라 (홈) 트 머이 요일을 묻는 문장 관용적으로 쓰므로 본문 문장을 직역하면 "오늘은 몇 번째 날이에요?"라는 뜻이지만 Hôm 홈(날)이라는 단어를 생략해도 으레 "오늘은 무슨 요일이에요?"라고 해석한다는 것을 꼭 기억하세요.

단어정리

hôm nay 오늘
hôm 날, 일
thứ ~번째
mấy 몇
hôm qua 어제
ngày mai 내일
hai 2
năm 5
nhất 1(서수)
một 1
tư 4(서수)
bốn 4

04

MP3_06_04

_{홈   나이   라   (홈)   트   바}
Hôm nay là (hôm) thứ ba.
| 오늘 | ~이다 | (날) | 번째 | 3 |

오늘은 화요일이에요.

● **Thứ** 트 **+ 숫자**

서수 표현이라고 공부했어요. 본문에 쓰인 (hôm) thứ ba 트바(3번째 날)이라고 해석할 수 있지만 달력 상에서 가장 왼쪽부터 보면 일요일, 월요일, 다음 3번째 날이 화요일이니 이 문장은 '오늘은 화요일이에요'라고 생각하면 되겠죠? 관용적으로 쓰는 문장답게 굳이 hôm 홈(날)이라는 단어가 없어도 요일로 해석을 합니다.

쭈녓	트 하이	트 바	트 뜨	트 남	트 사우	트 바이
Chủ nhật	Thứ hai	Thứ ba	Thứ tư	Thứ năm	Thứ sáu	Thứ bảy
일요일	월요일	화요일	수요일	목요일	금요일	토요일

* **Chủ nhật** 쭈녓 주일(主日)이라는 뜻의 일요일은 서수 표현으로 쓰지 않아요.
* **Thứ tư** 트뜨(4번 째)라는 서수를 쓸 때 4는 bốn을 쓰지 않고 tư라는 단어로 바뀌니 요일을 말할 때도 Thứ tư(수요일)이라고 써요.
* 주말은 **Cuối tuần** 꾸오이 뚜언이라고 써요. 자세히 살펴보자면 Cuối는 '끝, 말'이라는 뜻이고, Tuần은 '주'라는 뜻이에요.

단어정리

hôm nay 오늘
hôm 날, 일
thứ ~번째
ba 3
cuối 끝, 말
tuần 주
cuối tuần 주말

발음 써보기 시간과 요일을 묻고 있어요. 🎧 MP3_06_05

A Bây giờ là mấy giờ?

B Bây giờ là sáu giờ mười phút.

A Hôm nay là (hôm) thứ mấy?

B Hôm nay là (hôm) thứ ba.

A 지금 몇 시에요?
B 지금은 6시 10분이에요.
A 오늘은 무슨 요일이에요?
B 오늘은 화요일이에요.

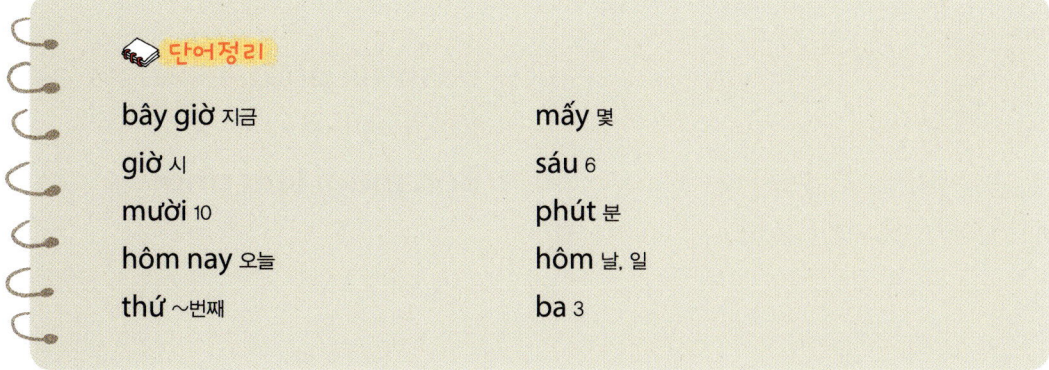

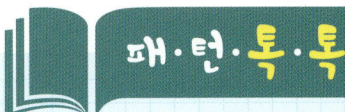

01 🎧 MP3_06_06

지금 몇 시예요?

버이 져 라 머이 져
Bây giờ là mấy giò?

① **Cái** 까이 개 (물건을 세는 단위)
② **Lần** 런 회, 번 (횟수를 세는 단위)
③ **Quyển** 꾸이엔 권 (책을 세는 단위)

02 🎧 MP3_06_07

지금은 6시 10분이에요.

버이 져 라 사우 져 므어이 풋
Bây giờ là sáu giờ mười phút.

① **Ba mươi phút** 바 므어이 풋 30분
② **Rưỡi** 즈어이 반 (단위의 절반)
③ **Bốn mươi lăm phút** 본 므어이 람 풋 45분

03 🎧 MP3_06_08

오늘은 무슨 요일이에요?

Hôm nay là (hôm) thứ mấy?
홈 나이 라 (홈) 트 머이

① **Hôm qua** 홈 꾸아 어제
② **Ngày mai** 응아이 마이 내일
③ **Ngày kia** 응아이 끼어 모레

04 🎧 MP3_06_09

오늘은 화요일이에요.

Hôm nay là (hôm) **thứ ba**.
홈 나이 라 (홈) 트 바

① **Thứ năm** 트 남 목요일
② **Thứ bảy** 트 바이 토요일
③ **Chủ nhật** 쭈 녓 일요일

문·제·척·척

1 빈칸에 알맞은 베트남어 문자를 써 보세요.

1 B⬜ y gi⬜ 지금
   (버이) (져)

2 (Hôm) th⬜ m⬜y 무슨 요일
        (트) (머이)

3 Ch⬜ nh⬜t 일요일
   (쭈) (넛)

4 H⬜m nay 오늘
   (홈) (나이)

2 본문 내용과 발음을 참고하여 빈 칸에 알맞은 단어를 써 보세요.

      버이   져   라 머이   져

A Bây giờ là mấy _____?

지금 몇 시예요?

      버이   져   라   사우   져   므어이   풋

B Bây giờ là sáu giờ mười _____.

지금은 6시 10분이에요.

    홈   나이   라 (홈)   트   머이

A _____ _____ là (hôm) thứ mấy?

오늘은 무슨 요일이에요?

    홈   나이   라 (홈)   트   바

B Hôm nay là (hôm) _____ _____.

오늘은 화요일이에요.

Chapter 3~6 주요 문법 및 표현

- **이름을 물을 때**

  호칭 + tên là gì? → (호칭에게) 성함이 어떻게 되세요?

- **이름을 말할 때**

  Tôi tên là OOO. → 저는 이름이 ○○○이에요.

- **주어의 상태를 나타내는 동사 là의 의문문**

  주어 + là + 보어, phải không? → 주어는 보어예요?

- **나이를 물을 때**

  호칭 + bao nhiêu tuổi? → (호칭에게) 몇 살이에요?

- **나이를 말할 때**

  Tôi + 숫자 + tuổi. → 저는 ○○살이에요.

- **소유의 뜻을 가진 동사 Có**

  Có + 명사 → 명사가 있다, 명사를 가지고 있다

- **소유의 뜻을 가진 동사 Có의 부정문**

  Không + Có + 명사 → 명사가 없다, 명사를 가지고 있지 않다

- **소유의 뜻을 가진 동사 Có의 의문문**

  Có + 명사 + Không? → 명사가 있어요? 명사를 가지고 있어요?

- **제한적 용법 부사**

  Chỉ + 문장/명사 + thôi. → 단지, 오직 문장/명사 ~뿐이다

앞에서 배운 내용을 생각하며 읽어보세요.

- **사는 곳을 물을 때**

  호칭 + sống ở đâu? ➔ (호칭에게) 어디에 살아요?

- **사는 곳을 말할 때**

  Tôi sống ở + 지역, 도시, 나라. ➔ 저는 ○○○에 살아요.

- **직업을 물을 때**

  호칭 + làm nghề gì? ➔ (호칭에게) 무슨 일을 하세요?

- **직업을 말할 때**

  Tôi là + 직업 ➔ 저는 ○○○이에요.

- **시간을 물을 때**

  Mấy giờ? ➔ 몇 시에요?

- **시간을 말할 때**

  숫자 + giờ ➔ ○○시예요.

- **요일을 물을 때**

  Thứ mấy? ➔ 무슨 요일이에요?

- **요일을 말할 때**

  Thứ + 숫자 ➔ ○○요일이에요.

Chủ nhật	Thứ hai	Thứ ba	Thứ tư	Thứ năm	Thứ sáu	Thứ bảy
일요일	월요일	화요일	수요일	목요일	금요일	토요일

Chapter 3~6 복습 회화정리

Chapter 3 이름과 나이

- **Xin lỗi. Anh tên là gì?**
  실례합니다. 당신은 성함이 어떻게 되세요?

- **Tôi tên là Yeo Jeong.**
  저는 이름이 여정이에요.

- **Năm nay anh bao nhiêu tuổi?**
  올해 당신은 나이가 어떻게 되세요?

- **Năm nay tôi ba mươi lăm tuổi.**
  올해 저는 35살이에요.

Chapter 4 가족

- **Gia đình (của) anh có mấy người?**
  당신의 가족은 몇 명이에요?

- **Gia đình (của) tôi có bốn người.**
  저의 가족은 네 명이에요.

- **Bố, mẹ, em trai và tôi.**
  아버지, 어머니, 남동생과 저예요.

- **Gia đình (của) tôi chỉ có bố, mẹ và tôi thôi.**
  저의 가족은 단지 아버지, 어머니와 저뿐이에요.

앞에서 배운 내용을 생각하며 읽어보세요.

Chapter 5 사는 곳과 직업

- Anh sống ở đâu?
  당신은 어디에 살아요?

- Tôi sống ở Hà Nội.
  저는 하노이에 살아요.

- Anh làm nghề gì?
  당신은 무슨 일을 하세요?

- Tôi là nhân viên công ty.
  저는 회사원이에요.

Chapter 6 시간과 요일

- Bây giờ là mấy giờ?
  지금 몇 시예요?

- Bây giờ là sáu giờ mười phút.
  지금은 6시 10분이에요.

- Hôm nay là (hôm) thứ mấy?
  오늘은 무슨 요일이에요?

- Hôm nay là (hôm) thứ ba.
  오늘은 화요일이에요.

Chapter 7

생일과 날짜

- ⊙ **회화 포인트**
  생일 묻고 답하기
  날짜 묻고 답하기

- ⊙ **문법 포인트**
  수량 묻는 표현
  서수 표현
  날짜 표현

문·법·콕·콕

01

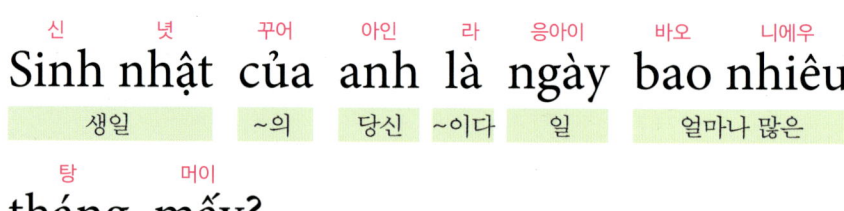

🎧 MP3_07_01

신 녓	꾸어	아인	라	응아이	바오 니에우
Sinh nhật	của	anh	là	ngày	bao nhiêu
생일	~의	당신	~이다	일	얼마나 많은

탕	머이
tháng	mấy?
월	몇

당신의 생일은 몇 월 며칠이에요?

● **Sinh nhật** 신녓 생일

Sinh(生, 태어나다), Nhật(日, 일)이라는 뜻으로 Sinh nhật은 생일이라는 뜻의 명사예요. 이렇게 베트남어는 약 60%가 한자로 뜻을 추측할 수 있는 단어입니다.

● **Bao nhiêu** 바오 니에우 얼마나 많은

10 이상의 숫자를 셀 때 사용하는 bao nhiêu는 달력 상의 날짜가 11일~31일 사이인 날짜를 물을 때 주로 써요. 관용적으로 Ngày bao nhiêu? 응아이 바오 니에우(며칠)이라고 물으면 자연스럽게 11일~31일 사이라는 것을 짐작할 수 있겠죠?

● **Mấy** 머이 몇

10 이하의 숫자를 셀 때 사용하는 Mấy라는 단어는 앞에서 자주 등장했어요. 월은 1월~12월까지이므로 주로 10 이하의 숫자가 쓰여 Mấy를 주로 써요. 관용적으로 Tháng mấy? 탕 머이(몇 월)이라고 써요.

 **단어정리**

sinh nhật 생일
của ~의
ngày 일, 날
bao nhiêu 얼마나 많은
tháng 월, 달
mấy 몇

02

🎧 MP3_07_02

신 녓	꾸어	또이	라	응아이	하이 므어이 본
Sinh nhật	của	tôi	là	ngày	hai mươi bốn
생일	~의	저	~이다	일	24

탕	못
tháng	một.
월	1

저의 생일은 1월 24일이에요.

🔵 Hai mươi bốn 하이 므어이 본 24

앞에서 Ngày bao nhiêu?이라고 물어서 의문사에 해당하는 bao nhiêu의 자리에 Hai mươi bốn 하이 므어이 본(24)이라고 답을 바로 썼어요.

🔵 Một 못 1

앞에서 Tháng mấy?라고 물어서 의문사에 해당하는 Mấy의 자리에 Một 못(1)이라고 답을 바로 썼어요.

📖 **단어정리**

sinh nhật 생일
của ~의
ngày 일, 날
hai mươi bốn 24
tháng 월, 달
một 1

03

MP3_07_03

홈	나이	라	응아이	몽	머이	탕
Hôm	nay	là	ngày	mồng	mấy	tháng
오늘		~이다	일		몇	월

머이
mấy?
몇

오늘은 몇 월 며칠이에요?

● **Mồng** 몽 1일~10일 사이의 날짜 앞에 쓰이는 단어

앞에서 날짜를 물을 때 11일~31일까지는 Bao nhiêu라는 단어를 쓴다고 배웠어요. 이 문장에서 ngày mồng mấy 응아이 몽 머이 (며칠)라고 물었으므로 1일 ~10일 사이의 날짜를 묻는 것이라고 질문에서 미리 짐작할 수 있어요.

* 날짜 묻고 답하기

  1. 1일~10일 사이 mồng

     예 Hôm nay là ngày mồng mấy tháng mấy? 오늘은 몇월 며칠이에요?

     Hôm nay là ngày mồng hai tháng ba. 오늘은 3월 2일 이에요.

  2. 11일~31일 사이 bao nhiêu

     예 Hôm nay là ngày bao nhiêu tháng mấy? 오늘은 몇월 며칠이에요?

     Hôm nay là ngày ba mươi tháng bảy. 오늘은 7월 30일이에요.

단어정리

hôm nay 오늘
ngày 일, 날
mồng 1일~10일 사이의
  날짜 앞에 쓰이는 단어
mấy 몇
tháng 월, 달

04

MP3_07_04

홈	나이	라	응아이	몽	하이	탕	뜨
Hôm	nay	là	ngày	mồng	hai	tháng	tư.
오늘		~이다	일		2	월	4

오늘은 4월 2일이에요.

● **Ngày mồng hai** 응아이 몽 하이 2일

날짜 2일을 뜻해요. 1일~10일 사이에 날짜 앞에는 Mồng이라는 단어를 써야 해요.

* 〈Ngày mồng + 숫자〉 2일은 Ngày hai라고 쓰지 않고 Ngày mồng hai라고 써야 바른 표현이에요.

● **Tư** 뜨 4

숫자 4는 bốn이라고 쓰지만 서수를 표현할 때 숫자 4는 bốn을 쓰지 않고 tư라는 단어로 완전히 바뀐다고 공부했어요. 4월은 4번째 달이라는 뜻도 있기 때문에 Tháng bốn 탕본이라고 쓰지 않고 Tháng tư 탕뜨라고 써야 바른 표현이에요.

단어정리

hôm nay 오늘
ngày mồng hai 2일
tư 4(서수)

회·화·술·술

발음 써보기 날짜를 묻고 있어요. 🎧 MP3_07_05

A Sinh nhật của anh là ngày bao nhiêu tháng mấy?

B Sinh nhật của tôi là ngày hai mươi bốn tháng một.

A Hôm nay là ngày mồng mấy tháng mấy?

B Hôm nay là ngày mồng hai tháng tư.

A 당신의 생일은 몇 월 며칠이에요?
B 저의 생일은 1월 24일이에요.
A 오늘은 몇 월 며칠이에요?
B 오늘은 4월 2일이에요.

📕 단어정리

sinh nhật 생일
ngày 일, 날
tháng 월, 달
hai mươi bốn 24
hôm nay 오늘
ngày mồng hai 2일

của ~의
bao nhiêu 얼마나 많은
mấy 몇
một 1
mồng 1일~10일 사이의 날짜 앞에 쓰이는 단어
tư 4(서수)

01 🎧 MP3_07_06

당신의 생일은 몇 월 며칠이에요?

<u>신　　녓　　꾸어　아인　라　응아이　바오　니에우</u>
Sinh nhật của anh là ngày bao nhiêu

탕　　머이
tháng mấy?

① **Kỳ thi** 끼티   시험
② **Nghỉ hè** 응이해   여름방학
③ **Nghỉ đông** 응이동   겨울방학

02 🎧 MP3_07_07

저의 생일은 1월 24일이에요.

신　　녓　　꾸어　또이　라　응아이　하이　므어이　본
Sinh nhật của tôi là ngày hai mươi bốn

탕　　못
tháng một.

① **Giáng sinh**
쟝신   크리스마스

② **Tết dương lịch**
뗏즈엉릭   양력 설

③ **Ngày quốc khánh Việt Nam**
응아이 꾸옥 카인 비엣 남   베트남 독립일

① **Ngày hai mươi lăm tháng mười hai**
응아이 하이 므어이 람 탕 므어이 하이   12월 25일

② **Ngày mồng một tháng một**
응아이 몽 못 탕 못   1월 1일

③ **Ngày mồng hai tháng chín**
응아이 몽 하이 탕 찐   9월 2일

03 🎧 MP3_07_08

오늘은 몇 월 며칠이에요?

<u>홈 나이</u> 라 응아이 몽 머이 탕 머이
<u>**Hôm nay**</u> là ngày mồng mấy tháng mấy?

① **Ngày mai** 응아이 마이   내일
② **Thứ hai tuần sau** 트하이 뚜언 사우   다음 주 월요일
③ **Ngày nghỉ** 응아이 응이   쉬는 날, 휴무일

04 🎧 MP3_07_09

오늘은 4월 2일이에요.

홈 나이 라 응아이 몽 하이 탕 뜨
Hôm nay là <u>ngày mồng hai tháng tư</u>.

① **Ngày mồng chín** 응아이 몽 찐 9일
② **Ngày mười lăm** 응아이 므어이람 15일
③ **Ngày ba mươi** 응아이 바 므어이 30일

① **Tháng hai** 탕 하이 2월
② **Tháng tám** 탕 땀 8월
③ **Tháng mười** 탕 므어이 10월

문·제·척·척

1 빈칸에 알맞은 베트남어 문자를 써 보세요.

1 Sinh nh**ậ**t 생일 (신냣)

2 N**g**ày 날, 일 (응아이)

3 T**h**áng 월, 달 (탕)

4 M**ồ**ng 날짜 1일~10일 사이 숫자 앞에 붙이는 단어 (몽)

2 본문 내용과 발음을 참고하여 빈 칸에 알맞은 단어를 써 보세요.

A   신   녓   꾸어 아인 라 응아이 바오 니에우
của anh là ngày bao nhiêu

탕 머이
tháng mấy?

당신의 생일은 몇 월 며칠이에요?

B   신   녓   꾸어 또이 라 응아이   하이   므어이   본
Sinh nhật của tôi là ngày

탕 못
tháng một.

저의 생일은 1월 24일이에요.

A   홈 나이 라 응아이   몽   머이   탕
Hôm nay là ngày   tháng

머이
mấy.

오늘은 몇 월 며칠이에요?

B   홈 나이 라 응아이 몽 하이   탕   뜨
Hôm nay là ngày mồng hai   .

오늘은 4월 2일이에요.

Photo by Jimmy Tran / Shutterstock.com

Chapter 8

기술 통계

◉ **학습 포인트**

학습을 하고 싶지 않은 동료 달래기
체벌 말리기

◉ **문법 포인트**

시제 표현
동사 표현이 나타내는 때

공·부·해·요

01
🎧 MP3_08-01

Anh đang làm gì?
 아인   당   럄   지
       ~하고 있다 하다 무엇

당신은 무엇을 하고 있어요?

● Dang 당 ~하고 있다, ~하는 중이다

동사나 형용사 앞에 진행 중임을 나타내요. 행위가 진행되는 시제를 나타내는 단어로 공통사에서 바로 앞에 위치합니다. 즉, 〈Dang + 동사〉: 동사(하고 있다)지고 해석하세요.

≫ 베트남어 사전

시제	형태	의미
미래	Sẽ 새 + 동사	~할 것이다
예정	Định 딘 + 동사	~할 예정이다
근접미래	Sắp 삽 + 동사	곧 ~한다
현재진행	Dang 당 + 동사	~하고 있다
근접과거	Vừa 브어(=Mới 머이) + 동사	막, 방금 ~했다
과거	Đã 다 + 동사	~했다

● Làm 람 하다, 일하다, 만들다

아래 'Làm'을 의미의 동사로 기억제로 뜻이 쎄요.

예 Làm việc 람 비엑 일하다, Làm bài tập 람 바이 떱 숙제하다, Làm gì 람 지 무엇을 하다

- **dang** ~하고 있다,
  ~하는 중이다
- **làm** 하다, 일하다, 만들다
- **gì** 무엇
- **việc** 일
- **bài tập** 숙제

124 | 가장 쉬운 독학 베트남어 첫걸음

02 Tôi đang sắp xếp hành lý.

또이 당 삽 쎕 하인 리
저 ~하고 있다 정리하다 짐

저는 짐을 정리하고 있어요.

MP3_08_02

● **Sắp xếp** 삽쎕 정리하다, 배치하다

물건이나 스케줄 등을 정리하거나 배치한다는 의미의 동사입니다. 자주 쓰니 꼭 기억하세요.

● **Hành lý** 하인리 짐

수하물, 짐 등 부피가 비교적 큰 것을 말해요.

예 Gửi hành lý 짐을 부치다, 수하물을 부치다
   Gói hành lý 짐을 꾸리다
   Dỡ hành lý 짐을 풀다

단어정리

đang ~하고 있다, ~하는 중이다
sắp xếp 정리하다, 배치하다
hành lý 짐
gửi 보내다, 부치다
gói 꾸러미, 싸다
dỡ 풀다, 벗기다

문·법·콕·콕

03 Sao thế? Anh đi du lịch à?
사오 테 아인 디 주릭 아
왜 당신 가다 여행 (놀람의 의문)

MP3_08_03

왜요? 당신은 여행가세요?

● **Sao** 사오 왜

'왜'라는 의문사로 문장의 맨 앞에 위치해요.

● **Thế** 테 그러한, 그렇게

어기 조사로 주로 문장 끝에 쓰입니다. 위 문장에서는 Sao thế가 '어째서 그래?', '왜?'의 의미로 약간의 놀람이 섞인 표현입니다. 회화에서 자주 써요.

● **Đi** 디 가다

'가다'라는 동사입니다. Đi làm 디람(일하러 가다), Đi học 디혹(공부하러 가다) 같은 형태로 동사 2개가 특별한 장치 없이 결합해서 바로 해석할 수 있어요.

● **Du lịch** 주릭 여행(하다)

'여행', '여행하다'라는 뜻으로 동사 Đi와 결합해서 Đi du lịch 디주릭이라고 쓰고 '여행가다'라고 해석해요.

단어정리
sao 왜
thế 그러한, 그렇게
đi 가다
du lịch 여행(하다)
à 약간의 놀람이 섞인 의문부사

● **À** 아 약간의 놀람이 섞인 의문부사

문장의 마지막에 쓰면 그 문장이 의문사가 쓰이거나 의문 형태가 아니더라도 약간의 놀람이 섞인 의문문으로 해석할 수 있어요.

04

Vâng. Cuối tuần tôi đi Đà Nẵng.
벙   꾸오이 뚜언 또이 디 다 낭
네   주말   저   가다   다낭

네. 주말에 저는 다낭에 가요.

MP3_08_04

● **Vâng** 벙 네

영어의 Yes에 해당하는 단어로 긍정의 대답을 나타내는 표현이에요. 조금 더 부드러운 느낌을 주려면 Dạ, Vâng 자벙이라고 쓸 수 있어요.

* 영어의 No에 해당하는 단어는 Không 콩이라고 쓰고, 역시 조금 더 부드러운 느낌을 주려면 Dạ. Không 자콩이라고 쓸 수 있어요.

● **Cuối tuần** 꾸오이 뚜언 주말

날짜를 나타내는 과에서 배운 단어에요. Cuối 꾸오이는 '끝', '말'이라는 뜻이고 Tuần 뚜언은 '주'라는 뜻으로 합쳐서 Cuối tuần 꾸오이 뚜언이라고 쓰며 주말이라는 뜻을 나타냅니다. Thứ bảy 트 바이 토요일, Chủ nhật 쭈녓 일요일도 꼭 기억하세요.

● **Đà Nẵng** 다 낭 다낭 (베트남 중부 도시)

베트남 중부의 떠오르는 휴양지입니다.

* 정치의 중심이자 수도인 북부 도시 Hà Nội 하 노이(하노이), 경제의 중심지 남부 도시 Thành Phố. Hồ Chí Minh 타인 포. 호찌민(호찌민시), 역사의 도시인 중부 도시 Huế 후에(후에) 등 여러 도시도 같이 익혀보세요.

단어정리

vâng 네
cuối tuần 주말
Đà Nẵng 다낭(베트남 중부 도시)
không 아니다
thứ bảy 토요일
chủ nhật 일요일

발음 써보기 무엇을 하고 있는지 묻고 있어요. 🎧 MP3_08_05

A   Anh đang làm gì?

B   Tôi đang sắp xếp hành lý.

A   Sao thế? Anh đi du lịch à?

B   Vâng. Cuối tuần tôi đi Đà Nẵng.

A 당신은 무엇을 하고 있어요?
B 저는 짐을 정리하고 있어요.
A 왜요? 당신은 여행가세요?
B 네. 주말에 저는 다낭에 가요.

단어정리

đang ~하고 있다, ~하는 중이다
gì 무엇
hành lý 짐
thế 그러한, 그렇게
du lịch 여행(하다)
vâng 네
Đà Nẵng 다낭(베트남 중부 도시)

làm 하다, 일하다, 만들다
sắp xếp 정리하다, 배치하다
sao 왜
đi 가다
à 약간의 놀람이 섞인 의문부사
cuối tuần 주말

01
🎧 MP3_08_06

당신은 무엇을 하고 있어요?

^{아인} ^당 ^람 ^지
Anh đang làm gì?

① **Xem** 쌤 보다
② **Nghe** 응애 듣다
③ **Ăn** 안 먹다

02
🎧 MP3_08_07

저는 짐을 정리하고 있어요.

^{또이} ^당 ^{삽 쎕} ^{하인 리}
Tôi đang sắp xếp hành lý.

① **Mua đồ** 무어 도 물건을 사다
② **Đọc báo** 독 바오 신문을 읽다
③ **Viết thư** 비엣 트 편지를 쓰다

단어
Mua 사다   **Đọc** 읽다   **Viết** 쓰다
Đồ 물건   **Báo** 신문   **Thư** 편지

03
🎧 MP3_08_08

당신은 여행가세요?

_{아인 디 주 릭 아}
Anh đi du lịch à?

① **Ngân hàng** 응언 항 은행
② **Sân bay** 선 바이 공항
③ **Nhà hàng** 냐 항 음식점

04
🎧 MP3_08_09

주말에 저는 다낭에 가요.

_{꾸오이 뚜언 또이 디 다 낭}
Cuối tuần tôi đi Đà Nẵng.

① **Vịnh Hạ Long** 빈 하 롱 하롱베이
② **Sông Mêkông** 송 메꽁 메콩강
③ **Đảo Phú Quốc** 다오 푸 꾸옥 푸꾸옥섬

단어
Vịnh 만 **Sông** 강 **Đảo** 섬

문·제·척·척

1 빈칸에 알맞은 베트남어 문자를 써 보세요.

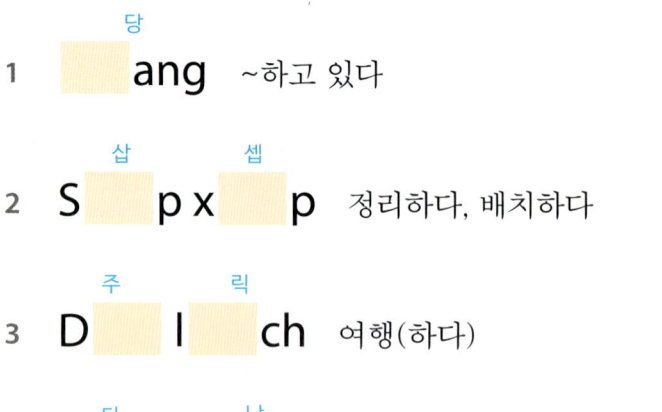

1 **Đ**ang ~하고 있다 (당)

2 S**ắ**p x**ế**p 정리하다, 배치하다 (삽, 셉)

3 D**u** l**ị**ch 여행(하다) (주, 릭)

4 Đ**à** N**ẵ**ng 다낭 (베트남 중부 도시) (다, 낭)

다낭(사진 제공 : 김건호 님)

2 본문 내용과 발음을 참고하여 빈 칸에 알맞은 단어를 써 보세요.

　　　아인　　당　　람　　　지
A　Anh đang làm gì?

당신은 무엇을 하고 있어요?

　　또이　　당　　삽 쎕　　　하인　　리
B　Tôi đang sắp xếp hành lý.

저는 짐을 정리하고 있어요.

　　사오　테　　　아인 디 주 릭 아
A　Sao thế? Anh đi du lịch à?

왜요? 당신은 여행가세요?

　　벙　　꾸오이 뚜언 또이 디 다 낭
B　Vâng. Cuối tuần tôi đi Đà Nẵng.

네. 주말에 저는 다낭에 가요.

Chapter 9
날씨와 계절

⊙ **회화 포인트**
  날씨 묻고 답하기
  계절에 대해 말하기

⊙ **문법 포인트**
  날씨 표현
  방향 표현
  베트남 지형과 계절

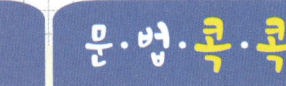

01　Hôm nay thời tiết thế nào?
홈　　나이　　터이　띠엣　　테　나오
　　오늘　　　　날씨　　　어때요

🎧 MP3_09_01

오늘 날씨가 어때요?

● **Thế nào** 테 나오 　어때요, 어떻게

상대의 의견을 물어볼 때 간단히 문장 끝에 Thế nào?라고 쓸 수 있어요. 의문사로 '어떻게'라는 뜻도 가지고 있어요.

＊ Thế nào의 두 가지 쓰임

• 의견을 물어볼 때

　예 Món ăn này thế nào? 몬 안 나이 테 나오　이 음식 어때요?

• 의문사 '어떻게'로 쓰일 때

　예 Tôi đi kia thế nào? 또이 디 끼어 테 나오　제가 저기에 어떻게 가요?

📖 **단어정리**

thời tiết 날씨
thế nào 어때요, 어떻게
này 이, 이곳, 이것
kia 저, 저곳, 저것

02 Hôm nay trời mưa.
홈 나이 쩌이 므어

오늘 하늘 비(가 오다)

🎧 MP3_09_02

오늘은 비가 와요.

● **Trời** 쩌이   하늘

Trời는 하늘이라는 뜻을 가진 단어이지만 날씨를 말할 때 영어의 It 가주어를 쓰는 것처럼 베트남어에서도 Trời를 주어 위치에 놓습니다.

● **Mưa** 므어   비, 비가 오다

Mưa는 명사로 '비', 동사로 '비가 오다' 의미로 둘 다 써요.

≫ 날씨

Trời nắng.	쩌이 낭	날씨가 좋다, 맑다.
Trời nóng.	쩌이 농	날씨가 덥다.
Trời lạnh.	쩌이 라인	날씨가 춥다.
Trời mát.	쩌이 맛	날씨가 시원하다.
Trời có tuyết.	쩌이 꼬 뚜이엣	(날씨가) 눈이 온다.
Trời ấm.	쩌이 엄	날씨가 따뜻하다.

📖 **단어정리**

hôm nay 오늘
trời 하늘
mưa 비, 비가 오다

03

Miền nam Việt Nam có hai mùa.
미엔 남 비엣 남 꼬 하이 무어
지역 남 베트남 있다 2 계절

🎧 MP3_09_03

베트남 남부 지역은 2계절이 있어요.

● Nam 남 남쪽

Miền이라는 단어와 함께 쓰여 Miền nam은 남부 지역이라고 해석해요. 여기서 말하는 남부 지역은 호찌민시가 위치한 남쪽 지역을 말해요.

≫ 4방위

Đông 동 동	Tây 떠이 서	Nam 남 남	Bắc 박 북

● Có 꼬 있다, 가지고 있다

Có + 명사 : 명사를 가지고 있다, 명사가 있다

● Hai mùa 하이 무어 2계절

베트남 남부 지역의 2계절은 비가 많이 오는 Mùa mưa 무어 므어(우기, 5월~10월), 그리고 비가 오지 않는 Mùa khô 무어 코(건기, 11월~이듬해 4월)이에요.

단어정리

miền 지역
nam 남
có 있다, 가지고 있다
hai mùa 2계절
mùa mưa 우기
mùa khô 건기
mùa 계절, 철
khô 건조한

04

🎧 MP3_09_04

<u>미엔</u> <u>박</u> <u>비엣</u> <u>남</u> <u>꼬</u> <u>본</u> <u>무어</u>
Miền bắc Việt Nam có bốn mùa.
지역 북 베트남 있다 4 계절

베트남 북부 지역은 4계절이 있어요.

● **Miền bắc** 미엔박 북부 지역

베트남 북부 지역은 하노이가 위치한 북쪽 지역을 말해요.

● **Bốn mùa** 본 무어 4계절

베트남 북부 지역의 4계절은 Mùa xuân 무어 쑤언(봄), Mùa hè 무어 해(여름), Mùa thu 무어 투(가을), Mùa đông 무어 동(겨울)이에요. 베트남은 동남아시아에 위치하지만 S자 모양의 긴 지형으로 인해 북부 지역은 4계절이 있고, 남부 지역은 2계절이 있어요.

베트남 지도

📖 **단어정리**

miền bắc 북부 지역
bốn mùa 4계절
mùa xuân 봄
mùa hè 여름
mùa thu 가을
mùa đông 겨울

발음 써보기 날씨에 대해 묻고 있어요. 🎧 MP3_09_05

A Hôm nay thời tiết thế nào?

B Hôm nay trời mưa.

A Miền nam Việt Nam có hai mùa.

B Miền bắc Việt Nam có bốn mùa.

A 오늘 날씨가 어때요?
B 오늘은 비가 와요.
A 베트남 남부 지역은 2계절이 있어요.
B 베트남 북부 지역은 4계절이 있어요.

📖 단어정리

thời tiết 날씨
hôm nay 오늘
mưa 비, 비가 오다
nam 남
hai mùa 2계절
miền bắc 북부 지역

thế nào 어때요, 어떻게
trời 하늘
miền 지역
có 있다, 가지고 있다
mùa 계절, 철
bốn mùa 4계절

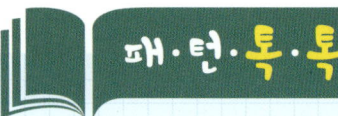

01 🎧 MP3_09_06

오늘 날씨가 어때요?

<u>홈 나이</u> 터이 띠엣 테 나오
Hôm nay thời tiết thế nào?

① **Hôm qua** 홈 꾸아   어제
② **Ngày mai** 응아이 마이   내일
③ **Ngày kia** 응아이 끼어   모레

02 🎧 MP3_09_07

오늘은 비가 와요.

홈 나이 쩌이 <u>므어</u>
Hôm nay trời **mưa**.

① **Có mây** 꼬 머이   구름이 낀
② **Ấm** 엄   따뜻한
③ **Có bão** 꼬 바오   태풍이 부는

단어
Mây 구름   Bão 태풍

03
🎧 MP3_09_08

베트남 남부 지역은 2계절이 있어요.

<u>미엔</u> <u>남</u> <u>비엣</u> <u>남</u> <u>꼬</u> <u>하이</u> <u>무어</u>
Miền nam Việt Nam có hai mùa.

① **Bãi biển đẹp** 바이 비엔 댑 아름다운 해변
② **Nhiều nơi du lịch** 니에우 너이 주릭 여행지가 많은
③ **Trung tâm kinh tế** 쭝 떰 낀 떼 경제 중심지

📖 **단어**

Bãi biển 해변가 **Đẹp** 아름다운 **Nơi** 장소, 곳
Nhiều 많은 **Trung tâm** 중심 **Kinh tế** 경제

04
🎧 MP3_09_09

베트남 북부 지역은 4계절이 있어요.

<u>미엔</u> <u>박</u> <u>비엣</u> <u>남</u> <u>꼬</u> <u>본</u> <u>무어</u>
Miền bắc Việt Nam có bốn mùa.

① **Vịnh Hạ Long** 빈 하롱 하롱베이
② **Thủ đô Hà Nội** 투 도 하노이 수도 하노이
③ **Dân tộc ít người** 전 똑 잇 응어이 소수민족

📖 **단어**

Thủ đô 수도 **Ít** 적은
Dân tộc 민족 **Người** 사람

문·제·척·척

1 빈칸에 알맞은 베트남어 문자를 써 보세요.

          터이   띠엣

1 Th ___ i ti ___ t 날씨

          쩌이

2 Tr ___ i 하늘 (날씨를 말할 때 가주어로 씀)

          미엔

3 Mi ___ n 지역

          박

4 B ___ c 북

2 본문 내용과 발음을 참고하여 빈 칸에 알맞은 단어를 써 보세요.

          홈   나이   터이 띠엣   테   나오

A Hôm nay thời tiết ⬚ ⬚ ?

오늘 날씨가 어때요?

        홈   나이   쩌이   므어

B Hôm nay trời ⬚ .

오늘은 비가 와요.

      미엔   남   비엣 남   꼬   하이   무어

A ⬚ ⬚ Việt Nam có hai mùa.

베트남 남부 지역은 2계절이 있어요.

      미엔   박   비엣 남   꼬   본   무어

B Miền bắc Việt Nam có ⬚ ⬚ .

베트남 북부 지역은 4계절이 있어요.

Chapter 10
전화

⊙ **회화 포인트**
전화로 대화하기
전화 번호 묻고 답하기

⊙ **문법 포인트**
있다/없다 표현
부탁하는 표현

01
🎧 MP3_10_01

알로　아인　쭝　꼬　어　냐　콩
Alô, Anh Trung có ở nhà không?
여보세요, (호칭)　쭝　　　~에 있다　집

여보세요, 쭝 씨 집에 계세요?

○ **Alô** 알로　여보세요
전화를 받을 때 말하는 표현이에요.

○ **Ở** 어　~에, ~에 있다
본문에서는 동사로 썼어요.

○ **Có** 꼬 + 동사/형용사 + **Không** 콩? : 동사/형용사 해요? / ~이에요?
이 패턴은 Chapter1에서 공부한 적 있어요. 원래 Có ở nhà không?은 '집에 있어요?'라는 뜻이지만, 베트남어는 높임말을 따로 쓰지 않으므로 우리말로 자연스럽게 '집에 계세요?', '댁에 계세요?'라고 해석하면 돼요.

* Trung은 베트남 남자의 흔한 이름이며 이름 앞에 Anh은 젊은 남성에게 붙이는 호칭이므로 Anh Trung은 쭝이라는 이름을 가진 젊은 남성 즉, 영어의 Mr. Trung이라고 생각하면 돼요.

* 여자에게는 Cô Hiền 꼬 히엔(히엔 씨)이라고 하는데요, 이름이 Hiền이고 젊은 여성 앞에 붙이는 호칭인 Cô를 써서 영어의 Ms. Hiền 정도로 생각하면 됩니다.

단어정리
- alô 여보세요
- anh 젊은 남성에게 붙이는 호칭
- ở ~에, ~에 있다
- nhà 집
- cô 젊은 여성에게 붙이는 호칭

02

🎧 MP3_10_02

버이 져   아인 어이   콩   어   냐
Bây giờ anh ấy không ở nhà.
　지금　　 그　　 아니다 ~에 있다 집

지금 그는 집에 안 계세요.

● **Anh ấy** 아인 어이   그 (3인칭 단수 젊은 남성)

〈2인칭 호칭 + ấy : 3인칭〉이라고 공부했어요.

● **Không** 콩   아니다 (동사/형용사 앞)

〈Không + 동사/형용사 : 동사/형용사 아니에요〉 형태로 부정문을 만들어요. 하지만 부정문을 만드는 단어 Không이 동사 앞에 위치하여 Không ở nhà라고 써도 '집에 없어요', '집에 안 계세요'라고 자연스럽게 해석합니다.

* 유의 표현 : Đi vắng 디 방   부재중이다

📖 단어정리

bây giờ 지금, 현재
anh ấy 그 (3인칭 남성)
không 아니다
ở ~에, ~에 있다
nhà 집

03 🎧 MP3_10_03

쪼	또이	비엣	소	디엔 토아이	지 동
Cho	tôi	biết	số	điện thoại	di động
~하게 해주다	저	알다	번호	전화	이동

꾸어	아인 어이
của	anh ấy.
~의	그

저에게 그의 휴대전화 번호를 알려 주세요.

● **Cho** 쪼 ~에게, 주다, ~하게 하다, ~하게 해주다 / **Biết** 비엣 알다

Cho는 많은 쓰임이 있지만 'Cho + 주어 + 동사 : 주어가 동사하게 해주다'라고 해석하므로 사전적으로 해석하면 Cho tôi biết은 '내가 알게 해주다'입니다. 하지만 빠른 해석을 위해 관용적으로 '알려주세요'라고 해석하면 쉽다는 것을 꼭 기억하세요!

● **Điện thoại** 디엔 토아이 전화 / **Di động** 지 동 이동

두 단어가 결합하여 Điện thoại di động은 이동전화, 휴대전화, 핸드폰의 의미로 써요. 단어가 길어서 가장 앞 문자만 따서 대문자로 ĐTDĐ 이라고 줄여 쓰기도 해요.

● **Của** 꾸어 ~의, ~의 것

소유격을 나타내요.

단어정리

cho ~하게 하다
biết 알다
số 번호, 숫자
điện thoại 전화
di động 이동
điện thoại di động 휴대전화
của ~의, ~의 것
anh ấy 그 (3인칭 남성)

04

MP3_10_04

아인	쩌	못	쭛	소	디엔	토아이	꾸어
Anh	chờ	một chút.		Số	điện thoại		của
당신	기다리다	조금		번호	전화		~의

아인	어이	라	콩 찐 못
anh ấy	là	091….	
그	이다	091….	

잠시만요. 그의 전화번호는 091…. 이에요.

● **Chờ** 쩌 기다리다 / **Một chút** 못 쭛 조금, 잠깐

두 개가 결합하여 Chờ một chút(잠깐만요, 잠시만요)이 됩니다. 자주 쓰니 꼭 기억하세요! 같은 뜻으로 đợi 더이(기다리다)도 써요.

● **Là** 라 ~이에요

〈A는 B이다〉라는 구조에서 '~이다'라는 의미의 동사로 써요.

● **không chính một** 콩 찐 못 091

베트남 휴대폰 번호는 090, 091, 092, 016… 등 앞 번호가 다양하게 쓰이고 있어요. 우리와 다르게 번호 등록제가 아니고 SIM카드만 구매해서 끼워 쓰므로 휴대폰마다 바꿔서 사용할 수 있어요.

단어정리

chờ 기다리다
một chút 조금, 잠깐
chờ một chút 잠깐만요, 잠시만요
số 번호, 숫자
điện thoại 전화
của ~의
anh ấy 그 (3인칭 남성)

회·화·술·술

발음 써보기 전화 통화를 하고 있어요. 🎧 MP3_10_05

A Alô, Anh Trung có ở nhà không?

B Bây giờ anh ấy không ở nhà.

A Cho tôi biết số điện thoại di động của anh ấy.

B Anh chờ một chút. Số điện thoại của anh ấy là 0 9 1….

A 여보세요, 쭝 씨 집에 계세요?
B 지금 그는 집에 안 계세요.
A 저에게 그의 휴대전화 번호를 알려 주세요.
B 잠시만요. 그의 전화번호는 091…. 이에요.

단어정리

alô 여보세요
ở ~에, ~에 있다
bây giờ 지금, 현재
không 아니다
biết 알다
điện thoại 전화
của ~의, ~의 것
một chút 조금, 잠깐

anh 젊은 남성에게 붙이는 호칭
nhà 집
anh ấy 그 (3인칭 남성)
cho ~하게 하다
số 번호, 숫자
di động 이동
chờ 기다리다

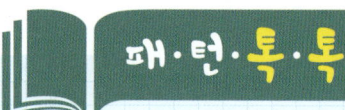

01
🎧 MP3_10_06

여보세요, 쭝 씨 집에 계세요?

알로 아인 쭝 꼬 어 냐 콩
Alô, Anh Trung có ở nhà không?

① **Thầy Minh** 터이 민   민 선생님(남자)
② **Cô Hằng** 꼬 항   항 선생님(여자)
③ **Bác Dương** 박 즈엉   즈엉 아저씨

02
🎧 MP3_10_07

지금 그는 집에 안 계세요.

버이 져 아인 어이 콩 어 냐
Bây giờ anh ấy không ở nhà.

① **Lúc đó** 룩 도   그 때
② **Chiều nay** 찌에우 나이   오늘 오후
③ **Tuần sau** 뚜언 사우   다음 주

 단어

Chiều 오후
(Hôm) nay 오늘 : 시간대가 결합할 때 hôm을 생략하기도 합니다.

03

🎧 MP3_10_08

저에게 그의 휴대전화 번호를 알려 주세요.

쪼 또이 비엣 소 디엔 토아이 지 동 꾸어
Cho tôi biết **số điện thoại di động** của

아인 어이
anh ấy.

단어
Nhà 집   Văn phòng 사무실
Riêng 개인   Địa chỉ 주소

① **Số điện thoại nhà riêng**
소 디엔 토아이 냐 지엥   집 전화 번호

② **Số điện thoại văn phòng**
소 디엔 토아이 반 퐁   사무실 전화 번호

③ **Địa chỉ nhà** 디어 찌 냐   집 주소

04

🎧 MP3_10_09

그의 전화번호는 091…. 이에요.

소 디엔 토아이 꾸어 아인 어이 라 콩 찐 못
Số điện thoại của anh ấy là 0 9 1….

단어
Hộ chiếu 여권   Xe 차
Phòng 방

① **Số hộ chiếu** 소 호 찌에우   여권 번호
② **Số phòng** 소 퐁   방 번호
③ **Số xe** 소 쌔   차 번호

Chapter 10 전화 | 155

1 빈칸에 알맞은 베트남어 문자를 써 보세요.

1 B[버이]y gi[져] 지금

2 Bi[비엣]t 알다

3 Đi[디엔]n tho[토아이]i 전화

4 Ch[쩌] 기다리다

2 본문 내용과 발음을 참고하여 빈 칸에 알맞은 단어를 써 보세요.

A Alô, Anh Trung [có] ở nhà [không]?
　　알로　아인　쭝　　꼬　　어　냐　　콩

여보세요, 쭝 씨 집에 계세요?

B Bây giờ anh ấy không ở [nhà].
　버이 져　아인 어이　콩　어　냐

지금 그는 집에 안 계세요.

A [Cho] tôi biết số điện thoại di động của
　쪼　　또이 비엣 소 디엔 토아이 지 동 꾸어

anh ấy.
아인 어이

저에게 그의 휴대전화 번호를 알려 주세요.

B Anh chờ [một chút]. Số điện thoại của
　아인 쩌　못　쭛　　소 디엔 토아이 꾸어

anh ấy là 0 9 1....
아인 어이 라 콩 찐 못

잠시만요. 그의 전화번호는 091…. 이에요.

Chapter 7~10 주요 문법 및 표현

- **날짜를 물을 때 (1)**

    Ngày bao nhiêu tháng mấy? → 몇 월 며칠이에요? (11일~31일)

- **날짜를 말할 때 (1)**

    Ngày 00 tháng 0. → ○월 ○○일이에요.

- **날짜를 물을 때 (2)**

    Ngày mồng mấy tháng mấy? → 몇 월 며칠이에요? (1일~10일)

- **날짜를 말할 때 (2)**

    Ngày mồng 0 tháng 0. → ○월 ○일이에요.

- **베트남어 시제**

시제	형태	해석
미래	**Sẽ** + 동사	~할 것이다
예정	**Định** + 동사	~할 예정이다
근접미래	**Sắp** + 동사	곧 ~한다
현재진행	**Đang** + 동사	~하고 있다
근접과거	**Vừa** (= **Mới**) + 동사	막, 방금 ~했다
과거	**Đã** + 동사	~했다

- **날씨**

Trời nắng.	날씨가 좋다, 맑다
Trời nóng.	날씨가 덥다
Trời lạnh.	날씨가 춥다
Trời mát.	날씨가 시원하다
Trời có tuyết.	날씨가 눈이 온다
Trời ấm.	날씨가 따뜻하다

> 앞에서 배운 내용을 생각하며 읽어보세요.

- **4방위**

  | Đông 동 | Tây 서 |
  | Nam 남 | Bắc 북 |

- **계절**

Mùa mưa 우기	Mùa khô 건기
Mùa xuân 봄	Mùa hè 여름
Mùa thu 가을	Mùa đông 겨울

- **Cho 용법**

  Cho + 주어 + 동사 : 주어가 동사하게 해 주다
  Cho tôi hỏi : 내가 질문하게 해 주다 ➡ 질문 있어요
  Cho tôi biết ~ : 내가 ~알게 해 주다 ➡ ~를 알려 주세요
  Cho tôi gặp ~ : 내가 ~를 만나게 해 주다 ➡ ~를 바꿔 주세요 (전화상)
  ➡ 세 문장은 관용적으로 쓰므로 꼭 기억하세요!

- **Cho + 명사 : 명사에게, 명사를 위해**

  Cho bố ➡ 아버지께   **Cho gia đình** ➡ 가족을 위해

- **Cho + 형용사 : 형용사하게**

  Cho vui ➡ 기쁘게   **Cho sạch** ➡ 깨끗하게

- **Cho 주다 (동사)**

  Tôi cho tiền. ➡ 내가 돈을 준다.
  Chúng tôi cho sách. ➡ 우리가 책을 준다.

Chapter 7~10 복습 회화정리

Chapter 7 생일과 날짜

- **Sinh nhật của anh là ngày bao nhiêu tháng mấy?**
  당신의 생일은 몇 월 며칠이에요?

- **Sinh nhật của tôi là ngày hai mươi bốn tháng một.**
  저의 생일은 1월 24일이에요.

- **Hôm nay là ngày mồng mấy tháng mấy?**
  오늘은 몇 월 며칠이에요?

- **Hôm nay là ngày mồng hai tháng tư.**
  오늘은 4월 2일이에요.

Chapter 8 기본 동작

- **Anh đang làm gì?**
  당신은 무엇을 하고 있어요?

- **Tôi đang sắp xếp hành lý.**
  저는 짐을 정리하고 있어요.

- **Sao thế? Anh đi du lịch à?**
  왜요? 당신은 여행가세요?

- **Vâng. Cuối tuần tôi đi Đà Nẵng.**
  네. 주말에 저는 다낭에 가요.

앞에서 배운 내용을 생각하며 읽어보세요.

Chapter 9 날씨와 계절

- **Hôm nay thời tiết thế nào?**
  오늘 날씨가 어때요?

- **Hôm nay trời mưa.**
  오늘은 비가 와요.

- **Miền Nam Việt Nam có hai mùa.**
  베트남 남부 지역은 2계절이 있어요.

- **Miền Bắc Việt Nam có bốn mùa.**
  베트남 북부 지역은 4계절이 있어요.

Chapter 10 전화

- **Alô, Anh Trung có ở nhà không?**
  여보세요, 쭝 씨 집에 계세요?

- **Bây giờ anh ấy không ở nhà.**
  지금 그는 집에 안 계세요.

- **Cho tôi biết số điện thoại di động của anh ấy.**
  저에게 그의 휴대전화 번호를 알려 주세요.

- **Anh chờ một chút. Số điện thoại của anh ấy là 0 9 1…….**
  잠시만요. 그의 전화번호는 091… 이에요.

Photo by LouisNguyen / Shutterstock.com

Chapter 11
가격 묻기

⊙ **회화 포인트**
  가격 묻고 답하기
  사고 파는 대화하기

⊙ **문법 포인트**
  지시형용사
  수량과 단위

문·법·콕·콕

01   아인   무어   지
Anh mua gì?
당신   사다   무엇

MP3_11_01

당신은 무엇을 사요?

● Mua 무어 사다

물건을 살 때 쓰는 단어예요. '팔다'는 Bán 반이라고 해요.

예) Tôi mua quà. 나는 선물을 사요.

Anh ấy bán nhà. 그는 집을 팔아요.

● Gì 지 무엇

'무엇', '무슨'이라는 의문사로 문장의 끝에 위치해요.

예) Bạn tên là gì? 너는 이름이 뭐야?

Bạn thích màu gì? 너는 무슨 색깔을 좋아해?

단어정리

mua 사다
gì 무엇
bán 팔다
quà 선물
màu 색깔

베트남 시장 풍경

02 Xoài này bao nhiêu tiền một cân?

쏘아이 나이 바오 니에우 띠엔 못 껀
Xoài này bao nhiêu tiền một cân?
망고 이 얼마나 많은 돈 1 킬로그램

🎧 MP3_11_02

이 망고 1킬로그램은 얼마예요?

📘 단어정리

xoày 망고
bao nhiêo 얼마나 많은 (10 이상의 수)
tiền 돈
một 1
cân 킬로그램 (=ki-lô)
hoa quả 과일 (북부 지방)
trái cây 과일 (남부 지방)
này 이 (지시형용사)
đó 그 (지시형용사)
kia 저 (지시형용사)
chanh 레몬
cam 오렌지

● **Xoày** 쏘아이 망고

문장에서 주어로 쓰였어요.

≫ 과일 **Hoa quả** 호아 꾸아 (남부 지방에서는 **Trái cây** 짜이 꺼이)

Táo 따오 사과	Lê 레 배
Nho 뇨 포도	Dưa hấu 즈어 허우 수박
Đu đủ 두두 파파야	Chuối 쭈오이 바나나
Sầu riêng 서우 지엥 두리안	Dứa 즈어 파인애플 (남부 지방에서는 Thơm 텀)

● **Này** 나이 이

지시형용사로서 명사 뒤에 위치해요. 베트남어는 수식하는 말이 주로 명사 뒤에 위치해서 꾸며 주는 역할을 해요.

≫ 지시형용사

| Kia 끼어 저 | 예 Chanh kia 짜인 끼어 저 레몬 | Đó 도 그 | 예 Cam đó 깜 도 그 오렌지 |

● **Bao nhiêu** 바오 니에우 얼마나 많은 / **Tiền** 띠엔 돈

Bao nhiêu는 10 이상의 수량을 물을 때 쓴다고 했어요. Bao nhiêu tiền?은 '얼마예요?'라는 의미로 관용적으로 쓰는 말이니 꼭 기억하세요.

● **Cân** 껀 kg 킬로그램 (= ki-lô 낄-로)

무게를 재는 단위예요.

03

바이 므어이 응인 동 못 껀
Bảy mươi nghìn đồng một cân.
7   10   1000   동   1   킬로그램

🎧 MP3_11_03

1킬로그램에 7만 동이에요.

● **Bảy mươi nghìn** 바이 므어이 응인   70,000

Bao nhiêu tiền?라고 물어서 가격을 물은 위치에 Bảy mươi(70)를 먼저 쓰고, nghìn(1000)을 뒤에 붙여서 써요.

● **Đồng** 동   베트남 동 (화폐 단위)

베트남 화폐 단위는 매우 커서 돈을 계산할 때 주의가 필요해요.

＊ 미화 1달러(1USD) = 약 26,000 đồng (현재 2025년 기준)

단어정리

- **bảy** 7
- **mươi** 10
- **nghìn** 1000 (=nhàn)
- **đồng** 동 (베트남 화폐 단위)
- **một** 1
- **cân** 킬로그램

베트남 화폐 đồng

04

뜻	꼬	반	쪼	또이	못	킬-로
Tốt.	Cô	bán	cho	tôi	một	ki-lô.
좋은	당신	팔다	에게	저	1	킬로그램

좋아요. 당신 저에게 1킬로그램 파세요.

🎧 MP3_11_04

● **Tốt** 뜻 좋은, 좋다

형용사로서 상대의 뜻에 자신도 동의한다는 뜻으로 영어의 Good이라고 생각하면 돼요. 베트남어는 형용사가 동사 역할도 해요.

● **Cô** 꼬 아가씨, 고모

2인칭 호칭 Cô를 주어로 썼으므로 망고를 파는 사람이 여자라는 사실을 알 수 있어요.

● **Tôi** 또이 나, 저 (1인칭)

〈Cho + 명사〉는 '~에게, ~를 위해'라고 해석하므로 Cho tôi는 '나에게', Bán cho tôi는 '나에게 팔다'라고 해석해요.

단어정리

tốt 좋은, 좋다
cô 아가씨, 고모
bán 팔다
cho 에게
ki-lô 킬로그램

회·화·술·술

발음 써보기 과일을 사고 팔고 있어요. 🎧 MP3_11_05

A Anh mua gì?

B Xoài này bao nhiêu tiền một cân?

A Bảy mươi nghìn đồng một cân.

B Tốt. Cô bán cho tôi một ki-lô.

A 당신은 무엇을 사요?
B 이 망고 1킬로그램은 얼마예요?
A 1킬로그램에 7만 동이에요.
B 좋아요. 당신 저에게 1킬로그램 파세요.

단어정리

mua 사다
xoày 망고
bao nhiêo 얼마나 많은
một 1
bảy 7
đồng 동 (베트남 화폐 단위)
tốt 좋은, 좋다
bán 팔다
ki-lô 킬로그램

gì 무엇
này 이 (지시형용사)
tiền 돈
cân 킬로그램 (=ki-lô)
mươi 10
nghìn 1000 (=nhàn)
cô 아가씨, 고모
cho 에게

01
🎧 MP3_11_06

당신은 무엇을 사요?

아인   무어   지
Anh mua gì?

① **Hỏi** 호이   묻다
② **Nói** 노이   말하다
③ **Uống** 우옹   마시다

02
🎧 MP3_11_07

이 망고 1킬로그램은 얼마예요?

쏘아이   나이   바오   니에우   띠엔   못   껀
Xoài này bao nhiêu tiền một cân?

① **Chanh** 짜인   레몬
② **Quýt** 꾸잇   귤
③ **Cam** 깜   오렌지

03 🎧 MP3_11_08

1킬로그램에 7만 동이에요.

바이 므어이 응인 동 못 껀
Bảy mươi nghìn đồng một cân.

① **Đĩa** 디어 접시
② **Thùng** 퉁 상자
③ **Quả** 꾸아 개(북부 지역에서 과일 셀 때)
　(**Trái** 짜이 개(남부 지역에서 과일 셀 때)

04 🎧 MP3_11_09

좋아요. 당신 저에게 1킬로그램 파세요.

똣 꼬 반 쪼 또이 못 킬-로
Tốt. Cô bán cho tôi một ki-lô.

① **Loại này** 로아이 나이 이 종류
② **Nửa cân** 느어껀 500g (1/2 kg)
③ **Một bộ** 못보 한 세트

단어

Loại 종류　**Nửa** 1/2　**Bộ** 세트

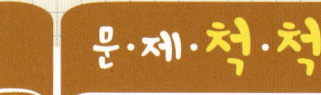

1 빈칸에 알맞은 베트남어 문자를 써 보세요.

　　　　무어
1　M☐a　사다

　　　쏘아이
2　☐oài　망고

　　　껀
3　C☐n　킬로그램

　　　똣
4　T☐t　좋은

2 본문 내용과 발음을 참고하여 빈 칸에 알맞은 단어를 써 보세요.

A Anh **무어**(mua) gì?
     아인   지

당신은 무엇을 사요?

B Xoài này **bao nhiêu** **tiền** một cân?
    쏘아이 나이   바오 니에우   띠엔   못 껀

이 망고 1킬로그램은 얼마예요?

A Bảy mươi nghìn đồng một **cân**.
    바이 므어이 응인 동 못 껀

1킬로그램에 7만 동이에요.

B **Tốt**. Cô **bán** cho tôi một ki-lô.
    뜻 꼬 반 쪼 또이 못 낄-로

좋아요. 당신 저에게 1킬로그램 파세요.

Photo by xuanhuongho / Shutterstock.com

Chapter 12
가격 흥정

⦿ **회화 포인트**
가격 흥정하기

⦿ **문법 포인트**
부정문 강조
가능 표현
미래 시제

문·법·콕·콕

01 Áo này đắt quá!
아오 나이 닷 꾸아
옷 이 비싼 매우

MP3_12_01

이 옷 매우 비싸요!

● **Áo** 아오 옷

원래는 윗옷을 뜻하지만 옷을 총칭할 때도 써요. 베트남 전통 의상인 Áo dài 아오 자이는 Áo(옷), Dài(긴)라는 단어가 함께해서 '긴 옷'이라는 뜻이에요. 그래서 아오 자이는 발목까지 오는 원피스 형태예요.

≫ 옷의 종류

Áo sơ mi 아오 서 미 와이셔츠	Quần 꾸언 바지
Váy 바이 치마	Áo bơi 아오 버이 수영복
Áo khoác 아오 코악 코트	Váy liền 바이 리엔 원피스

● **Này** 나이 이

지시형용사로서 명사 뒤에 위치해서 명사를 수식해요.

● **Đắt** 닷 비싼, 비싸다

문장에서 술어 역할을 해요. 베트남어는 형용사가 동사 역할도 해요. 남부 지역에서는 Mắc 막(비싼)이라는 단어를 써요.

단어정리
áo 옷
này 이 (지시형용사)
đắt 비싼, 비싸다
quá 아주, 매우, 너무
mắc 비싼, 비싸다
 (남부 지방)

● **Quá** 꾸아 아주, 매우, 너무

정도를 나타내는 부사로 술어 뒤에 써서 주로 실제 회화에서 유용하게 쓰이는 표현이에요.

02 Rẻ mà! Không đắt đâu!
[재] [마] [콩] [닷] [더우]

싼 ~인걸요 아니다 비싼 (강조)

MP3_12_02

싼걸요! 비싼 거 아니에요!

● **Rẻ** 재 싼, 싸다

Đắt 닷(비싼)이라는 단어의 반대말이에요.

● **Mà** 마 ~인걸요! ~인데요!

다의어로 쓰는 Mà는 본문처럼 문장 끝에 쓰면 '~인걸요!', '~인데요!'라는 강조의 의미로 사용돼요.

● **Không** 콩 아니다

술어 앞에 Không이 쓰이면 '~가 아니다'라고 해석해요. 즉, 〈Không + 술어 : 술어가 아니다〉라는 뜻이에요.

● **Đâu** 더우 (의문문에서) 어디, (부정문에서) 강조

원래 Đâu는 장소를 물어보는 '어디'라는 뜻이에요. 하지만 부정문에서 문장 끝에 Đâu가 쓰이면 부정문을 강조하는 의미로 써요.

단어정리

rẻ 싼, 싸다
mà ~인걸요! ~인데요!
không 아니다
đắt 비싼, 비싸다
đâu (의문문) 어디, (부정문) 강조

Chapter 12 가격 흥정 | 177

03　Anh giảm giá cho tôi.

아인　쟘　쟈　쪼　또이
Anh giảm giá cho tôi.
당신　줄이다　가격　~에게　저

MP3_12_03

당신 저에게 가격을 깎아 주세요.

● **Giảm** 쟘 줄이다, 감소시키다 / **Giá** 쟈 가격

Giảm giá는 '가격을 깎다'라는 의미입니다. 흥정할 때 꼭 필요한 말이니 기억하세요!

베트남 쇼핑 이야기

베트남에서 쇼핑할 때는 주로 베트남 돈인 Đồng을 써요. 한국에서 달러를 가지고 가서 현지 호텔, 은행 또는 금은방에서 베트남 돈 Đồng으로 환전이 가능해요. 또한, 흥정할 때 값을 깎아 주지 않으면 다른 가게를 둘러보고 오겠다고 하거나 가게를 나가는 시늉을 하면 손님을 붙잡아서 가격을 많이 깎아 줄 거예요.

giảm 줄이다, 감소시키다
giá 가격
cho 에게

04

MP3_12_04

토이 드억 또이 새 벗 므어이
Thôi được. Tôi sẽ bớt mười
그만두다 가능하다 저 ~할 것이다 빼다 10

편 짬
phần trăm (nhé).
%

그래요. 제가 10% 뺄게요.

● **Thôi** 토이 그만두다, 정지

본문에서는 흥정의 실랑이를 그만두고자 하는 마음에 Thôi를 썼어요.

● **Được** 드억 가능하다, ~할 수 있다

가능을 나타내는 뜻의 Được을 Thôi 뒤에 붙임으로써 실랑이를 그만하고 가격을 깎아 준다는 의미로 대답했어요. 즉, Thôi는 '됐어요(부정의 의미-깎아 주지 않는다)'라는 뜻이고, Thôi được은 '그만하고 그렇게 해요(긍정의 의미-깎아 준다)'라는 뜻이 됩니다.

● **Sẽ** 새 ~할 것이다

미래시제로 쓰는 Sẽ는 회화에서 '~할게요'라고 해석하면 쉬워요.

단어정리

thôi 그만두다, 정지
được 가능하다, ~할 수 있다
sẽ ~할 것이다
bớt 빼다
mười 10
phần trăm 퍼센트
thêm 더하다, 추가하다

● **Bớt** 벗 빼다, 감소하다

'가격을 깎다, 빼다'라는 의미로 Bớt 벗이라는 표현을 써요.
반대말은 Thêm 템(더하다, 추가하다)이에요.

발음 써보기 가격을 흥정하고 있어요. MP3_12_05

A Áo này đắt quá!

B Rẻ mà! Không đắt đâu!

A Anh giảm giá cho tôi.

B Thôi được. Tôi sẽ bớt mười phần trăm (nhé).

A 이 옷 매우 비싸요!
B 싼걸요! 비싼 거 아니에요!
A 당신 저에게 가격을 깎아 주세요.
B 그래요. 제가 10% 뺄게요.

단어정리

áo 옷
đắt 비싼, 비싸다
rẻ 싼, 싸다
không 아니다
đâu (의문문에서) 어디, (부정문에서) 강조
giá 가격
thôi 그만두다, 정지
sẽ ~할 것이다
mười 10

này 이 (지시형용사)
quá 아주, 매우, 너무
mà ~인걸요! ~인데요!
đắt 비싼, 비싸다
giảm 줄이다, 감소시키다
cho 에게
được 가능하다, ~할 수 있다
bớt 빼다
phần trăm 퍼센트

01
🎧 MP3_12_06

이 옷 매우 비싸요!

아오 나이 닷 꾸아
Áo này đắt quá!

① **Giày** 쟈이 신발
② **Mũ** 무 모자
③ **Túi** 뚜이 가방

02
🎧 MP3_12_07

비싼 거 아니에요!

콩 닷 더우
Không **đắt** đâu!

① **Buồn ngủ** 부온응우 졸린
② **No** 노 배부른
③ **Mệt** 멧 피곤한

03

🎧 MP3_12_08

당신 저에게 가격을 깎아 주세요.

아인　 쟘　 쟈　 쪼　 또이
Anh giảm giá cho tôi.

① **Tặng quà** 땅 꾸아　선물을 하다
② **Chuyển hàng** 쭈이엔 항　물건을 옮기다
③ **Mua vé** 무어 배　표를 사다

📖 **단어**

Chuyển 옮기다　**Hàng** 물건　**Vé** 표

04

🎧 MP3_12_09

제가 10% 뺄게요.

또이　 새　 벗　 므어이　 펀　 쨤
Tôi sẽ bớt mười phần trăm (nhé).

① **Thêm** 템　더하다
② **Nhân** 년　곱하다
③ **Chia** 찌어　나누다

Chapter 12 가격 흥정 | 183

문·제·척·척

1 빈칸에 알맞은 베트남어 문자를 써 보세요.

1 Đ t 비싼 (닷)

2 Gi m 줄이다 (쟘)

3 B t 빼다 (벗)

4 Đ ợc 가능하다 (드억)

2 본문 내용과 발음을 참고하여 빈 칸에 알맞은 단어를 써 보세요.

A Áo này ⬚ quá!
　　　아오　나이　　닷　　　꾸아

이 옷 매우 비싸요!

B ⬚ mà! Không đắt đâu!
　　재　마　　콩　　닷　더우

싼걸요! 비싼 거 아니에요!

A Anh ⬚ ⬚ cho tôi.
　　아인　　잠　　쟈　　쪼　또이

당신 저에게 가격을 깎아 주세요.

B ⬚ được. Tôi sẽ bớt mười phần trăm (nhé).
　　토이　드억　또이　새　벗　므어이　펀　짬

그래요. 제가 10% 뺄게요.

Chapter 12 가격 흥정 | 185

Photo by Tony Duy / Shutterstock.com

Chapter 13
경험 묻기

◉ **회화 포인트**
경험에 대해 묻고 답하기
경험에 대한 감상 묻고 답하기

◉ **문법 포인트**
과거/경험 시제
동작 표현
횟수 표현

01

MP3_13_01

아인 다 디 다 낭   바오 져 쯔어
Anh đã đi Đà Nẵng bao giờ chưa?
당신 ~했다 가다   다낭   ~한 적 있어요?

당신은 다낭에 가 본 적 있어요?

● **Đã** 다 ~했다

과거를 물어보는 시제예요. 동사 앞에 사용합니다.

예) đã ăn 먹었다   đã nghe 들었다

● **Đi** 디 가다

동작을 나타내는 동사예요. 장소가 뒤에 나와요.

예) đi Mỹ 미국에 가다   đi Seoul 서울에 가다

● **Bao giờ chưa** 바오 져 쯔어 ~한 적 있어요?

과거 경험의 여부를 물어보는 조사로 문장 끝에 써요. Bao giờ(언제)라는 의문사와 Chưa(여부를 물어보는 조사)가 결합해서 쓰인 형태에요. 평서문을 쓰고 문장 끝에 붙여 주기만 하면 경험을 물어보는 문장이 완성돼요.

đã ~했다
đi 가다
bao giờ chưa
  ~한 적 있어요?

02

떳 니엔
Tất nhiên.
당연하다

또이 다 디 다 낭 하이 런 조이
Tôi đã đi Đà Nẵng hai lần rồi.
저 ~했다 가다 다낭 두 번 (완료)

당연하죠. 저는 다낭에 두 번 가 봤어요.

🎧 MP3_13_02

● Tất nhiên 떳니엔 당연하다

'당연하지', '물론이야'라는 뜻으로 단독으로 쓸 수 있어요.
다른 표현으로 Dĩ nhiên 지니엔이 있어요.

● Hai lần 하이런 2번

Hai는 숫자 2, Lần은 '번', '횟수'의 의미입니다.

● Rồi 조이 동작의 완료를 나타내는 말

동사 뒤 또는 문장의 마지막에 위치해서 동작의 완료를 나타내요. 회화에서 대답할 때 단독으로 자주 쓰니 꼭 기억하세요.

* 베트남어는 질문을 한 자리에 바로 대답이 오므로 경험을 물어보는 표현으로 Bao giờ chưa?라고 물은 자리에 대답으로 바로 Hai lần rồi.라고 대답을 했어요.

📖 단어정리

tất nhiên 당연하다
đã ~했다
đi 가다
hai lần 2번
rồi 완료
dĩ nhiên 당연하다

03 Phong cảnh của Đà Nẵng thế nào?

풍경 ~의 다낭 어때요?

MP3_13_03

다낭의 풍경은 어때요?

● **Của** 꾸어 ~의

소유격으로 쓰는 단어예요.

예 Của anh 당신의   Của Việt Nam 베트남의

● **Thế nào** 테 나오 어때요?

의문사 Thế nào는 '어때요', '어떻다'의 뜻으로 물어볼 수 있으며, 문장에서 마지막에 써요.

예 Người Việt Nam thế nào? 베트남 사람은 어때요?
Anh nghĩ thế nào? 당신은 어떻게 생각해요?

단어정리

phong cảnh 풍경
của ~의
thế nào 어때요
nghĩ 생각하다

04

🎧 MP3_13_04

Đẹp lắm! Bãi biển của Đà Nẵng
댑 람! 바이 비엔 꾸어 다 낭
아름다운 아주   해변   ~의   다낭

vừa đẹp vừa yên tĩnh.
브어 댑 브어 이엔 띤
~하기도 하고 아름다운 ~하기도 하다 조용한

아주 아름다워요! 다낭의 해변은 아름답기도 하고 조용하기도 해요.

● **Đẹp** 댑 아름다운

베트남어는 형용사가 동사 역할도 해요.

예 Cô ấy đẹp. 그녀는 예쁘다.

Ảnh này đẹp. 이 사진은 예쁘다.

● **Lắm** 람 아주, 매우

형용사나 동사 또는 문장의 끝에 쓰여 '아주', '매우'라는 정도를 나타내는 부사로 써요.

● **Vừa A Vừa B** 브어 A 브어 B A하기도 하고 B하기도 하다

A와 B 자리에는 비슷한 성질의 형용사가 들어가서 '~하기도 하고 ~하기도 하다'라는 뜻을 가져요.

📚 **단어정리**

đẹp 아름다운
lắm 아주, 매우
bãi biển 해변
của ~의
yên tĩnh 조용한, 고요한
ảnh 사진

회·화·술·술

발음 써보기 여행 경험을 묻고 있어요. 🎧 MP3_13_05

A Anh đã đi Đà Nẵng bao giờ chưa?

B Tất nhiên. Tôi đã đi Đà Nẵng hai lần rồi.

A Phong cảnh của Đà Nẵng thế nào?

B Đẹp lắm! Bãi biển của Đà Nẵng vừa đẹp

vừa yên tĩnh.

A 당신은 다낭에 가 본 적 있어요?
B 당연하죠. 저는 다낭에 두 번 가 봤어요.
A 다낭의 풍경은 어때요?
B 아주 아름다워요! 다낭의 해변은 아름답기도 하고 조용하기도 해요.

📖 단어정리

đã ~했다
bao giờ chưa ~한 적 있어요?
hai lần 2번
phong cảnh 풍경
thế nào 어때요
lắm 아주, 매우
bãi biển 해변

đi 가다
tất nhiên 당연하다
rồi 완료
của ~의
đẹp 아름다운
vừa A vừa B A하기도 하고 B하기도 하다
yên tĩnh 조용한, 고요한

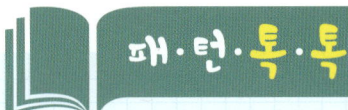

01
🎧 MP3_13_06

당신은 다낭에 가 본 적 있어요?

아인 다 디 다 낭 바오 져 쯔어
Anh đã đi Đà Nẵng bao giờ chưa?

① **Vũng Tàu** 붕따우 붕 따우 (베트남 남부 항구)
② **Nha Trang** 냐짱 냐 짱 (베트남 남부 관광 휴양도시)
③ **Sa pa** 사빠 사 빠 (베트남 북부 소수민족 산악지대)

02
🎧 MP3_13_07

당연하죠. 저는 다낭에 두 번 가 봤어요.

떳 니엔 또이 다 디 다 낭 하이 런 조이
Tất nhiên. Tôi đã đi Đà Nẵng hai lần rồi.

① **Xem** 쌤 보다
② **Du lịch** 주릭 여행하다
③ **Nghe** 응애 듣다

03
🎧 MP3_13_08

다낭의 풍경은 어때요?

퐁　　까인　　꾸어　다　낭　　테　나오
Phong　cảnh　của　Đà Nẵng　thế nào?

① **Hồ Hoàn Kiếm** 호 호안 끼엠　환검호수
② **Đà Lạt** 달 랏　달 랏 (베트남 중남부 고산지대 도시)
③ **Huế** 후에　후에 (베트남 중부 역사 도시)

단어
Hồ 호수

04
🎧 MP3_13_09

다낭의 해변은 아름답기도 하고 조용하기도 해요.

바이　비엔　　꾸어　다　낭
Bãi biển　của　Đà Nẵng

브어　댑　　브어　이엔　띤
vừa　đẹp　vừa　yên tĩnh.

① **Nổi tiếng** 노이 띠엥　유명한
② **Ồn ào** 온 아오　시끄러운
③ **Vui vẻ** 부이 배　즐거운

① **Tốt** 똣　좋은
② **Phức tạp** 픅 땁　복잡한
③ **Hòa bình** 호아 빈　평화로운

1 빈칸에 알맞은 베트남어 문자를 써 보세요.

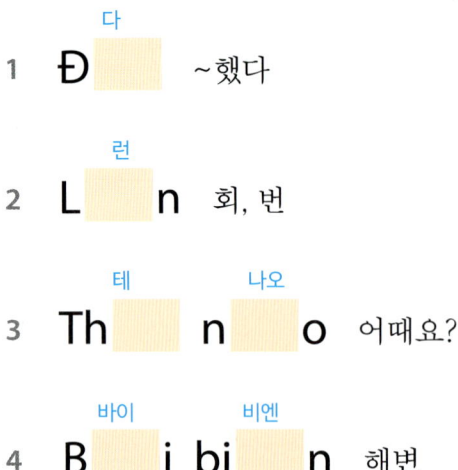

2 본문 내용과 발음을 참고하여 빈 칸에 알맞은 단어를 써 보세요.

A Anh đã đi Đà Nẵng [바오] [져] [쯔어]?
   아인 다 디 다 낭
당신은 다낭에 가 본 적 있어요?

B [떳] [니엔] Tôi đã đi Đà Nẵng hai lần rồi.
         또이 다 디 다 낭 하이 런 조이
당연하죠. 저는 다낭에 두 번 가 봤어요.

A [퐁] [까인] của Đà Nẵng thế nào?
          꾸어 다 낭 테 나오
다낭의 풍경은 어때요?

B Đẹp lắm! Bãi biển của Đà Nẵng [브어] đẹp
  댑 람 바이 비엔 꾸어 다 낭   댑
[브어] [이엔] [띤] yên tĩnh.
아주 아름다워요! 다낭의 해변은 아름답기도 하고 조용하기도 해요.

Photo by xuanhuongho / Shutterstock.com

Chapter 14
취미 묻기

- **회화 포인트**
  취미 묻고 답하기
  청유형 문장 말하기

- **문법 포인트**
  종목, 과목 표현
  동사 Chơi + 운동/악기
  청유형 표현

01 Anh thích môn thể thao nào?

아인 틱 몬 테 타오 나오
당신 좋아하다 종목 운동 어떤

🎧 MP3_14_01

당신은 어떤 운동 종목을 좋아해요?

● Thích 틱 좋아하다
자신의 취미나 좋아하는 것을 얘기할 때, 기호를 말할 때 써요.

● Môn 몬 종목, 과목
스포츠의 종목이나 공부 과목을 말할 때 명사 앞에 써요.
- 예) Môn bóng đá 축구(종목)
- Môn tiếng Anh 영어(과목)

● Thể thao 테 타오 운동, 스포츠
문장에서 목적어 역할을 했어요. Thể thao는 '스포츠'의 의미이고 보통의 운동은 Tập 떱(연습하다)을 사용해서 Tập thể dục 떱 테 죽(운동하다)이라고 일반적으로 써요.

● Nào 나오 어떤
종류나 장르를 물어볼 때 쓰는 의문사예요.
- 예) Phim nào 어떤 영화
- Chương trình nào 어떤 프로그램

단어정리
- thích 좋아하다
- môn 종목, 과목
- thể thao 운동, 스포츠
- nào 어떤
- tập 연습하다
- tập thể dục 운동하다
- phim 영화
- chương trình 프로그램

02

또이 틱 쩌이 봉 다
Tôi thích chơi bóng đá.
저   좋아하다   놀다   축구

🎧 MP3_14_02

저는 축구 하는 것을 좋아해요.

● **Chơi** 쩌이   놀다

영어의 play 동사처럼 운동 종목이나 악기 연주에 주로 쓰는 동사예요. 본문에서는 Chơi bóng đá를 '축구하다'라고 해석해요. 또한, thích 동사와 chơi 동사 사이에는 다른 연결사가 필요 없이 바로 동사 자체만 나열해요.

● **Bóng đá** 봉다   축구

bóng 공 + đá 차다 형태입니다. 차다(đá) 동사가 앞의 공(bóng)을 수식해서 차는 공이라는 의미이고, 축구라고 해석해요.

≫ 운동 종목

| Bóng rổ 봉조 농구 | Bóng đá 봉다 축구 |
| Bóng bàn 봉반 탁구 | Bóng chuyền 봉쭈이엔 배구 |

thích 좋아하다
chơi 놀다
bóng đá 축구

03 <small>MP3_14_03</small>

Thế thì _{테 티} **chúng ta** _{쭝 따} **cùng** _꿍 **đi** _디 **chơi** _{쩌이}
그러면 　　우리　　　같이　　가다　　놀다

bóng đá _{봉 다} **nhé!** _녜
축구　　　　~하자

그럼 우리 같이 축구 하러 가요!

● **Thế thì** 테 티 그렇다면, 그러면, 그럼

접속사로서 회화에서 많이 써요.

● **Chúng ta** 쭝 따 우리(듣는 사람 포함)

나와 당신. 내 얘기를 듣는 사람을 포함하는 '우리'의 의미예요. 듣는 사람을 포함하지 않는 '우리'는 Chúng tôi 쭝 또이 라고 해요. 꼭 구별하세요!

● **Cùng** 꿍 같이

주어와 동사 사이에 위치해요.

● **Nhé** 녜 ~하자, ~해 알겠지?

문장 끝에 위치해서 청유나 권유, 이미 알고 있는 내용을 상기시킬 때 쓰는 친근한 표현이에요. 회화에서 아주 많이 쓰니 반드시 기억하세요!

단어정리

thế thì 그렇다면, 그러면
chúng ta 우리
cùng 같이
đi 가다
chơi 놀다
bóng đá 축구
nhé ~하자

04

MP3_14_04

Tốt 똣 **quá!** 꾸아 **Chúng ta** 쭝 따 **cùng** 꿍 **đi** 디
좋은   아주   우리   같이   가다

sân vận động 선 번 동 **chơi** 쩌이 **bóng đá** 봉 다 **nhé!** 네
운동장   놀다   축구   ~하자

아주 좋아요! 우리 축구하러 운동장에 같이 가요!

● **Tốt** 똣 좋은

영어의 Good이라고 생각하면 돼요. 상대의 의견에 동의나 어떠한 상태가 좋을 때 쓰는 형용사예요. 베트남어는 형용사가 술어 역할도 해요.

● **Quá** 꾸아 아주, 매우

형용사 뒤에 위치해서 '아주', '매우'라는 뜻으로 회화에서 아주 많이 써요.

● **Để** 데 + 동사 ~하기 위해서

Chơi 쩌이(놀다) 앞에 Để 데(~ 하기 위해)가 생략되어 있어요.
생략되기 전 문장은 Chúng ta cùng đi sân vận động (để) chơi bóng đá nhé!
입니다. 〈để + 동사〉 형태에서 để는 생략하기도 해요.

단어정리

tốt 좋은
quá 아주, 매우
chúng ta 우리
cùng 같이
đi 가다
sân vận động 운동장, 경기장
chơi 놀다
bóng đá 축구
nhé ~하자

발음 써보기 취미에 대해 묻고 있어요. 🎧 MP3_14_05

A   Anh thích môn thể thao nào?

B   Tôi thích chơi bóng đá.

A   Thế thì chúng ta cùng đi chơi bóng đá nhé!

B   Tốt quá! Chúng ta cùng đi sân vận động chơi bóng đá nhé!

A   당신은 어떤 운동 종목을 좋아해요?
B   저는 축구 하는 것을 좋아해요.
A   그럼 우리 같이 축구 하러 가요!
B   아주 좋아요! 우리 축구하러 운동장에 같이가요!

단어정리

thích 좋아하다
thể thao 운동, 스포츠
chơi 놀다
thế thì 그렇다면, 그러면
cùng 같이
nhé ~하자
quá 아주, 매우

môn 종목, 과목
nào 어떤
bóng đá 축구
chúng ta 우리
đi 가다
tốt 좋은
sân vận động 운동장, 경기장

01 🎧 MP3_14_06

당신은 어떤 <u>운동 종목</u>을 좋아해요?

<small>아인 틱 몬 테 타오 나오</small>
Anh thích môn thể thao nào?

① **Món ăn** <small>몬 안</small> 요리
② **Bài hát** <small>바이 핫</small> 노래
③ **Bộ phim** <small>보 핌</small> 영화

02 🎧 MP3_14_07

저는 <u>축구 하는 것</u>을 좋아해요.

<small>또이 틱 쩌이 봉 다</small>
Tôi thích chơi bóng đá.

📖 **단어**

Nhạc 음악   Chụp 찍다
Đọc 읽다   Ảnh 사진
Sách 책

① **Nghe nhạc** <small>응애 냑</small> 음악을 듣다
② **Đọc sách** <small>독 사익</small> 책을 읽다
③ **Chụp ảnh** <small>쭙 아인</small> 사진을 찍다

1 빈칸에 알맞은 베트남어 문자를 써 보세요.

1 Th___ th___o 운동, 스포츠 (테, 타오)

2 B___ng đ___ 축구 (봉, 다)

3 Ch___i 놀다, (운동 종목)을 하다 (쩌이)

4 Nh___ ~하자 (네)

2 본문 내용과 발음을 참고하여 빈 칸에 알맞은 단어를 써 보세요.

A Anh thích **môn thể thao** nào?
   (아인 틱 몬 테 타오 나오)

   당신은 어떤 운동 종목을 좋아해요?

B Tôi thích **chơi bóng đá**.
   (또이 틱 쩌이 봉 다)

   저는 축구 하는 것을 좋아해요.

A Thế thì chúng ta **đi** đi chơi bóng đá
   (테 티 쭝 타 꿍 디 쩌이 봉 다)

   nhé.
   (녜)

   그럼 우리 같이 축구 하러 가요!

B Tốt quá! Chúng ta cùng đi
   (똣 꾸아 쭝 타 꿍 디)

   sân vận động chơi bóng đá nhé!
   (선 번 동 쩌이 봉 다 녜)

   아주 좋아요! 우리 축구하러 운동장에 같이 가요!

Chapter 11~14 주요 문법 및 표현

- **가격을 물을 때**

  Bao nhiêu tiền? → 얼마예요?

- **가격을 말할 때**

  Bảy mươi nghìn đồng. → 7만 동이에요.

- **가격을 흥정할 때**

  Giảm giá → 가격을 줄이다

- **~ Mà!**   ~인데요!, ~인걸요!(강조)

  Tốt mà! → 좋은걸요!

- **부정문 + Đâu!**   부정문 강조

  Không biết đâu! → 전혀 모르겠다!

- **경험을 물어볼 때**

  Đã ~ Bao giờ chưa? → ~ 한 적 있어요?

  예 **Anh đã ăn bánh mì Việt Nam bao giờ chưa?** 당신은 베트남 바인미(바게트의 종류)를 먹어 본 적 있어요?

- **경험을 말할 때**

  Đã ~ 숫자 + lần rồi → ~번 한 적 있어요

  예 **Tôi đã ăn 1 lần rồi.** 1번 먹어 본 적 있어요.

- **상관접속사**

  Vừa A Vừa B → A 하기도 하고 B 하기도 하다 (동시성)

  예 **Vừa học tiếng Việt vừa học tiếng Anh.** 베트남어를 공부하기도 하고 영어를 공부하기도 한다.

앞에서 배운 내용을 생각하며 읽어보세요.

- **취미를 물을 때**

    Chơi + 운동 종목 ➡ 운동종목을 하다

    Chơi + 악기 ➡ 악기를 연주하다

    예 Chơi bóng đá 축구를 하다 / Chơi bóng bàn 탁구를 하다
    　　Chơi đàn vi-ô-lông 바이올린을 연주하다 / Chơi đàn xen lô 첼로를 연주하다

- **1인칭 복수**

    1. **Chúng tôi** ➡ 나 + 듣는 사람을 포함하지 않는 3자 = 우리
    2. **Chúng ta** ➡ 나 + 듣는 사람을 포함하는 당신 = 우리

- **권유, 청유**

    ~ **Nhé!** ➡ ~하자!

    예 Chúng ta đi nhé! 우리 가자!

- **과일(Hoa quả) 종류**

Cam 오렌지	**Chuối** 바나나
Chanh 레몬	**Xoài** 망고
Lê 배	**Đu đủ** 파파야
Dưa hấu 수박	**Sầu riêng** 두리안
Táo 사과	**Dứa** 파인애플 (남부 지방에서는 Thơm)
Nho 포도	

- **옷(Áo) 종류**

Quần 바지	**Áo bơi** 수영복	**Áo sơ mi** 와이셔츠
Váy 치마	**Váy liền** 원피스	**Áo khoác** 코트
Đồ lót 속옷		

- **운동(Thể thao) 종류**

Quần vợt 테니스	**Bóng bàn** 탁구	**Bóng chuyền** 배구
Bóng rổ 농구	**Bóng đá** 축구	**Ma-ra-tông** 마라톤

Chapter 11~14 복습 회화정리

Chapter 11 가격 묻기

○ Anh mua gì?
당신은 무엇을 사요?

○ Xoài này bao nhiêu tiền một cân?
이 망고 1킬로그램은 얼마예요?

○ Bảy mươi nghìn đồng một cân.
1킬로그램에 7만 동이에요.

○ Tốt. Cô bán cho tôi một ki-lô.
좋아요. 당신 저에게 1킬로그램 파세요.

Chapter 12 가격 흥정

○ Áo này đắt quá!
이 옷 매우 비싸요!

○ Rẻ mà! Không đắt đâu!
싼걸요! 비싼 거 아니에요!

○ Anh giảm giá cho tôi.
당신 저에게 가격을 깎아주세요.

○ Thôi được. Tôi sẽ bớt mười phần trăm (nhé).
그래요. 제가 10% 뺄게요.

앞에서 배운 내용을 생각하며 읽어보세요.

Chapter 13 경험 묻기

- **Anh đã đi Đà Nẵng bao giờ chưa?**
  당신은 다낭에 가 본 적 있어요?

- **Tất nhiên. Tôi đã đi Đà Nẵng hai lần rồi.**
  당연하죠. 저는 다낭에 두 번 가 봤어요.

- **Phong cảnh của Đà Nẵng thế nào?**
  다낭의 풍경은 어때요?

- **Đẹp lắm! Bãi biển của Đà Nẵng vừa đẹp vừa yên tĩnh.**
  아주 아름다워요! 다낭의 해변은 아름답기도 하고 조용하기도 해요.

Chapter 14 취미 묻기

- **Anh thích môn thể thao nào?**
  당신은 어떤 운동 종목을 좋아해요?

- **Tôi thích chơi bóng đá.**
  저는 축구 하는 것을 좋아해요.

- **Thế thì Chúng ta cùng đi chơi bóng đá nhé!**
  그럼 우리 같이 축구 하러 가요!

- **Tốt quá! Chúng ta cùng đi sân vận động chơi bóng đá nhé!**
  아주 좋아요! 우리 축구하러 운동장에 같이 가요!

Chapter 15

식당

- **회화 포인트**
  식당에서 주문하기

- **문법 포인트**
  형용사의 정도 표현하기
  지시사
  베트남 요리 어휘

문·법·콕·콕

01 Xin mời vào. Anh gọi món gì?
씬 머이 바오. 아인 고이 몬 지?
어서오세요 / 당신 / 주문하다 / 요리 / 무슨

MP3_15_01

어서오세요. 당신은 무슨 요리를 주문하나요?

● Xin mời vào 씬 머이 바오 어서오세요

Xin은 '청하다', Mời는 '초대하다', Vào는 '들어오다'라는 뜻으로 Xin mời는 상대방을 초대하는 행위, 맞이하는 행위, 양보하는 행위 등에 정중하게 쓰는 베트남어예요. 거기에 Vào(들어오다) 동사와 더해져서 보통 식당, 상점에서 손님을 맞이하는 상황에서 자주 써요. 우리나라 말로 '어서오세요'라고 생각하면 돼요.

≫ 식당, 상점에서 손님이 나갈 때 주인이나 종업원의 인사 표현

> Đi cẩn thận nhé! 디 껀 턴 녜 조심히 가세요!
> Lần sau đến lại nhé! 런 사우 덴 라이 녜 다음에 또 오세요!

● Gọi 고이 주문하다, 전화 걸다, 부르다

본문에서 '(음식을) 주문하다'의 뜻으로 썼어요. 택시를 부를 때도 동사 Gọi를 사용해서 Gọi taxi라고 해요.

● Món 몬 요리, 음식

Món ăn 몬 안이라고도 해요. 예를 들어 베트남 요리는 Món ăn Việt Nam 몬 안 비엣 남이라고 해요.

단어정리

xin 청하다
mời 초대하다
vào 들어오다
gọi 주문하다, 전화걸다, 부르다
món 요리, 음식
gì 무슨

02 Cho tôi bún chả và phở bò.
쪼 토이 분 짜 바 퍼 보

주다 저 분짜 ~와 쌀국수 소

MP3_15_02

분짜와 소고기 쌀국수를 주세요.

● Bún chả 분짜
쌀 면과 야채 그리고 숯불고기를 소스에 같이 찍어 먹는 음식이에요. 한국인이 좋아하는 베트남 음식 중 하나예요. (북부 지방 음식)

● Và 바 ~와, 그리고
같은 성질을 나열할 때 연결하는 역할을 해요.

● Phở bò 퍼 보 소고기 쌀국수
Phở는 쌀국수, bò는 소입니다. 소고기는 Thịt bò 팃보이지만 소고기 쌀국수를 간단하게 Phở bò라고 써요.

* Phở gà 닭고기 쌀국수

  베트남 사람들이 소고기 쌀국수만큼 즐겨 먹는 쌀국수 중 하나예요. 베트남 사람들은 주로 아침 식사로 쌀국수를 먹어요.

📖 단어정리
cho tôi~ ~주세요
và ~와, 그리고
phở bò 소고기 쌀국수
gà 닭

Chapter 15 식당 | 217

03

MP3_15_03

분 짜 퍼 보 더이
Bún chả, phở bò đây.
분짜   소고기 쌀국수   여기

쭉 안 응온 미엥
Chúc ăn ngon miệng!
맛있게 드세요

분짜, 소고기 쌀국수 여기요. 맛있게 드세요!

● **Đây** 더이   여기

지시사로 가까운 곳이나 가까운 사물을 가리킬 때 써요.

● **Chúc** 쭉   축하하다

문장의 맨 앞에 위치해서 축하, 바람 등을 말할 때 써요.

● **Chúc ăn ngon miệng!** 쭉 안 응온 미엥   맛있게 드세요!

관용적인 표현으로 많이 써요. 꼭 기억하세요!

📖 **단어정리**

đây 여기
chúc 축하하다
ăn 먹다
ngon 맛있는
miệng 입

04 Món ăn Việt Nam ngon thật!

몬 안 비엣 남 응온 텃
요리 베트남 맛있는 아주

🎧 MP3_15_04

베트남 요리 정말 맛있어요!

● **Ngon** 응온 맛있는

베트남어는 형용사가 술어 역할도 해요.

● **Thật** 텃 정말, 진짜

형용사의 앞, 뒤에 모두 위치할 수 있어요. 본문에서 맛있는 정도를 나타내고 있어요.

≫ 베트남요리 Món ăn Việt Nam

> Bún chả 분짜   숯불고기와 베트남식 국수
> Gỏi cuốn 고이 꾸온   월남쌈
> Phở 퍼   쌀국수
> Bánh mì 바인 미   바게뜨 빵을 사용한 베트남식 샌드위치
> Nem rán 냄 잔   베트남식 스프링롤   *남부에서는 chả giò 짜죠라고 함

단어정리

món ăn 요리
ngon 맛있는
thật 정말, 진짜

회·화·술·술

발음 써보기 식당에서 대화하고 있어요. 🎧 MP3_15_05

A Xin mời vào. Anh gọi món gì?

B Cho tôi bún chả và phở bò.

A Bún chả, phở bò đây. Chúc ăn ngon miệng!

B Món ăn Việt Nam ngon thật!

A 어서오세요. 당신은 무슨 요리를 주문하나요?
B 분짜와 소고기 쌀국수를 주세요.
A 분짜, 소고기 쌀국수 여기요. 맛있게 드세요!
B 베트남 요리 정말 맛있어요!

단어정리

xin 청하다
vào 들어오다
món 요리, 음식
cho tôi~ ~주세요
phở bò 소고기 쌀국수
chúc 축하하다
ngon 맛있는
món ăn 요리

mời 초대하다
gọi 주문하다, 전화걸다, 부르다
gì 무슨
và ~와, 그리고
đây 여기
ăn 먹다
miệng 입
thật 정말, 진짜

패·턴·톡·톡

01 🎧 MP3_15_06

당신은 무슨 요리를 주문하시나요?

아인 고이 몬 지
Anh gọi món gì?

① **Trà** 짜 차
② **Cà phê** 까페 커피
③ **Rượu** 즈어우 술

02 🎧 MP3_15_07

분짜와 소고기 쌀국수를 주세요.

쪼 토이 분 짜 바 퍼 보
Cho tôi bún chả và phở bò.

① **Cơm rang** 껌장 볶음밥
— **Trà đá** 짜 다 아이스티
② **Bánh mì** 바인 미 바게트류 빵
— **Cà phê sữa đá** 까페 스어 다 아이스 연유라떼
③ **Gỏi cuốn** 고이 꾸온 월남쌈 전병
— **Nước chanh** 느억 짜인 레몬주스

Cơm 밥   Sữa 우유
Rang 볶다   Nước 물
Đá 얼음

03
🎧 MP3_15_08

분짜, 소고기 쌀국수 여기요.

<u>분 짜</u>   <u>퍼 보</u>   더이
Bún chả, phở bò đây.

① **Phở gà** 퍼 가   닭고기 쌀국수
  – **Bánh cuốn nóng** 바인 꾸온 농   따뜻한 고기전병
② **Chè đậu đỏ** 쨰 더우 도   팥빙수류 디저트
  – **Hoa quả thập cẩm** 호아 꾸아 텁 껌   과일 디저트
③ **Cơm sườn** 껌 스언   갈비밥 – **Cà phê đen** 카 페 댄   블랙커피

📖 **단어**

Chè 디저트 종류   **Đậu đỏ** 팥   **Thập cẩm** 모듬   **Sườn** 갈비   **Đen** 검정색

04
🎧 MP3_15_09

베트남 요리 정말 맛있어요!

<u>몬   안   비엣   남   응온   텃</u>
Món ăn Việt Nam ngon thật!

① **Tươi** 뜨어이   싱싱한
② **Ngọt** 응옷   단맛이 나는
③ **Cay** 까이   매운

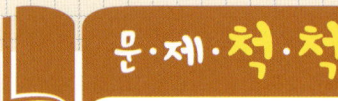

1 빈칸에 알맞은 베트남어 문자를 써 보세요.

　　　　고이
1　G⬜i　주문하다

　　　　퍼
2　Ph⬜　쌀국수

　　　　응온
3　Ng⬜n　맛있는

　　　　몬　　안
4　M⬜n ⬜n　요리, 음식

2 본문 내용과 발음을 참고하여 빈 칸에 알맞은 단어를 써 보세요.

A   씬   머이   바오   아인 고이 몬 지
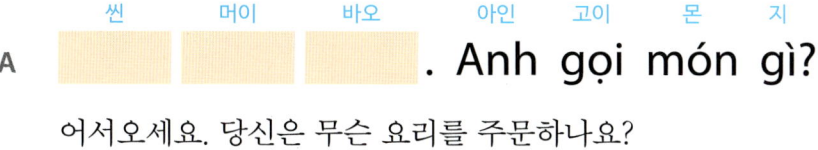. Anh gọi món gì?

어서오세요. 당신은 무슨 요리를 주문하나요?

B   쪼 또이   분   짜   바   퍼   보
Cho tôi  và ____ ____.

분짜와 소고기 쌀국수를 주세요.

A   분   짜   퍼   보   더이
Bún chả, phở bò đây.

쭉   안   응온   미엥
____ ____ ____ ____!

분짜, 소고기 쌀국수 여기요. 맛있게 드세요!

B   몬   안   비엣   남   응온   텃
Món ăn Việt Nam ngon thật!

베트남 요리 정말 맛있어요!

Photo by xuanhuongho / Shutterstock.com

Chapter 16

교통

⊙ **회화 포인트**

교통 수단 말하기
거리에 대해 표현하기

⊙ **문법 포인트**

수단에 대한 표현
교통 수단
시간/공간/거리 표현

01

Anh đi Đà Nẵng bằng gì?
아인 디 다 낭 방 지
당신 가다 다낭 ~로써 무엇

MP3_16_01

당신은 무엇을 타고 다낭에 가요?

● **Bằng** 방 ~로(써)

수단이나 방법을 물을 때 써요. 특히 교통수단을 물을 때 Đi bằng gì?라고 많이 써요. 꼭 기억하세요!

예 Bằng tay 손으로
　　Bằng tiếng Việt 베트남어로
　　Bằng xe 차로

단어정리

đi 가다
bằng ~로(써)
gì 무엇
tay 손
xe 차

02 Tôi sẽ đi bằng máy bay.

또이 새 디 방 마이 바이
Tôi sẽ đi bằng máy bay.
저 ~할 것이다 가다 ~로 비행기

저는 비행기로 갈 거예요.

MP3_16_02

● Bằng 방 ~로

교통수단을 말할 때 〈Bằng + 교통수단〉으로 쓰고 '~으로'라고 해석해요.
본문에서 Bằng gì?라고 물어서 의문사 gì 자리에 대답 máy bay가 왔어요.

≫ 교통수단

Bằng xe máy 방쌔마이   오토바이로
Bằng xe buýt 방쌔부잇   버스로
Bằng xe đạp 방쌔답   자전거로
Bằng tàu hỏa 방따우호아   기차로
Bằng xe điện ngầm 방쌔디엔응엄   지하철로

📖 단어정리

sẽ ~할 것이다
đi 가다
bằng ~로(써)
máy bay 비행기
xe máy 오토바이
xe buýt 버스
xe đạp 자전거
tàu hỏa 기차
xe điện ngầm 지하철

호찌민시 풍경

03

MP3_16_03

뜨	선 바이	다 낭	덴	바이 비엔
Từ	sân bay	Đà Nẵng	đến	bãi biển
~에서	공항	다낭	~까지	해변

미 케	꼬	싸	콩
Mỹ Khê	có	xa	không?
미케		먼	

다낭 공항에서 미케 해변까지 멀어요?

● Từ A đến B 뜨 A 덴 B   A에서 B까지

시간, 공간 모두 쓸 수 있어요.

예) Từ Seoul đến Busan 뜨 서울 덴 부산   서울에서 부산까지

　 Từ Ba giờ đến sáu giờ 뜨 바 져 덴 사우 져   3시부터 6시까지

* Trung tâm Hà Nội 쯩 떰 하 노이   하노이 시내
* Trung tâm ngoại ngữ 쯩 떰 응오아이 응으   외국어센터

● Xa 싸 먼

본문에서는 동사로 썼어요. 술어 역할을 해요.

* Gần 건 가까운

● Có + 술어 + Không? 꼬 ~ 콩?   ~해요? ~합니까?

앞에서 배운 패턴이에요. 술어 자리에는 형용사, 동사가 올 수 있어요.

단어정리

từ ~에서
sân bay 공항
đến ~까지
bãi biển 해변
xa 먼
gần 가까운

04

MP3_16_04

건	마	콩	멋	바	므어이	풋
Gần	mà!	Không	mất	ba	mươi	phút
가까운	~인걸요	아니다	걸리다		30	분

더우
đâu!
(강조)

가까운걸요! 30분 안 걸려요!

● **Gần** 건 가까운

Xa의 반대말이에요. 술어 역할을 해요.

● **Mất** 멋 걸리다, 잃다, 돌아가시다

본문에서는 '시간이 걸리다' 의미로 썼어요.

예 Tôi mất ví. 나는 지갑을 잃어버렸다.

　　Mất bà ngoại. 외할머니를 잃었다(외할머니가 돌아가셨다).

● **Đâu** 더우 (부정문) 강조, (의문사) 어디

본문에서 부정문에 썼으므로 강조 의미예요.

예 (부정문) 강조 : Không xa đâu! 멀지 않아요!

　　(의문사) 어디 : Anh đi đâu? 당신은 어디 가요?

단어정리
gần 가까운
mà ~인걸요
mất 걸리다, 잃다, 돌아가시다
ba mươi 30
phút 분
đâu (부정문) 강조, (의문문) 어디
ví 지갑

회·화·술·술

발음 써보기 교통에 관해 말하고 있어요. 🎧 MP3_16_05

A Anh đi Đà Nẵng bằng gì?

B Tôi sẽ đi bằng máy bay.

A Từ sân bay Đà Nẵng đến bãi biển Mỹ Khê có xa không?

B Gần mà! Không mất ba mươi phút đâu!

A 당신은 무엇을 타고 다낭에 가요?
B 저는 비행기로 갈 거예요.
A 다낭 공항에서 미케 해변까지 멀어요?
B 가까운걸요! 30분 안 걸려요!

단어정리

đi 가다
gì 무엇
máy bay 비행기
từ ~에서
đến ~까지
xa 먼
mà ~인걸요
ba mươi 30
đâu (부정문) 강조, 어디

bằng ~로(써)
sẽ ~할 것이다
sân bay 공항
bãi biển 해변
gần 가까운
mất 걸리다, 잃다, 돌아가시다
phút 분

01   🎧 MP3_16_06

당신은 무엇을 타고 다낭에 가요?

아인   디   다 낭   방   지
Anh đi Đà Nẵng bằng gì?

① **Làm** 람   일하다
② **Học** 혹   공부하다
③ **Công viên** 꽁비엔   공원

02   🎧 MP3_16_07

저는 비행기로 갈 거에요.

또이 새 디 방   마이 바이
Tôi sẽ đi bằng máy bay.

① **Taxi** 딱시   택시
② **Xe ôm** 쌔옴   오토바이 택시
③ **Xe ô tô** 쌔오또   자동차

03
🎧 MP3_16_08

다낭 공항에서 미케 해변까지 멀어요?

_뜨 _{선 바이} _{다 낭} _덴 _{바이 비엔} _{미 케}
Từ sân bay Đà Nẵng đến bãi biển Mỹ Khê

_꼬 _싸 _콩
có xa không?

① **Trung tâm thành phố** 쭝떰타인포 시내 중심 – **Nhà** 냐 집
② **Hà Nội** 하노이 하노이 – **Vịnh Hạ Long** 빈하롱 하롱베이
③ **Khách sạn** 카익산 호텔 – **Nhà hàng** 냐항 식당

04
🎧 MP3_16_09

30분 안 걸려요!

_콩 _멋 _{바 므어이} _풋 _{더우}
Không mất ba mươi phút đâu!

① **Một tiếng** 못띠엥 1시간
② **Mười phút** 므어이풋 10분
③ **Hai tiếng rưỡi** 하이띠엥 즈어이 2시간 반

📖 **단어**
Tiếng (걸리는) 시간, 언어   **Rưỡi** (단위의) 절반

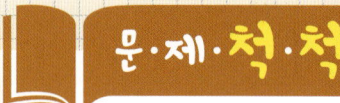

1 빈칸에 알맞은 베트남어 문자를 써 보세요.

         방
1 B___ng ~로(써)

      마이   바이
2 M___y ba___ 비행기

     멋
3 M___t 걸리다

     건
4 G___n 가까운

2 본문 내용과 발음을 참고하여 빈 칸에 알맞은 단어를 써 보세요.

　　　　아인　디　다　낭　　　　방　　　　지
A　Anh đi Đà Nẵng _____ _____?

당신은 무엇을 타고 다낭에 가요?

　　　또이　새　디　방　　마이　　바이
B　Tôi sẽ đi bằng _____ _____.

저는 비행기로 갈 거예요.

　　　뜨　　선　바이　다　낭　　덴　　바이 비엔
A　_____ sân bay Đà Nẵng _____ bãi biển

　　미　케　꼬　싸　콩
　　Mỹ Khê có xa không?

다낭 공항에서 미케 해변까지 멀어요?

　　　건　마　　　콩　　　멋　바 므어이　풋　더우
B　Gần mà! _____ _____ ba mươi phút đâu!

가까운걸요! 30분 안 걸려요!

Photo by Long Bao / Shutterstock.com

Chapter 17
은행

◉ **회화 포인트**
통장 개설하기
환전하기

◉ **문법 포인트**
필요에 대한 표현
미래 시제
변화 표현

01 Tôi muốn mở sổ tài khoản.
또이 무온 머 소 따이 코안
저 원하다 열다 기록 계좌

MP3_17_01

저는 통장을 개설하고 싶어요.

● **Muốn** 무온 원하다, ~하고 싶다

조동사로서 본동사 앞에 위치해요.

예 Muốn ăn 먹고 싶다   Muốn nói 말하고 싶다

● **Mở** 머 열다, 개설하다, 개업하다

본문에서 본동사 역할을 하고 있어요. 반대말은 Đóng 동 (닫다)예요.

예 Mở cửa 문을 열다   Đóng cửa 문을 닫다

● **Sổ** 소 기록, 등록, 장부

기록을 해놓는 수첩이나 장부를 말해요. 계좌도 입출금 내역을 볼 수 있는 기록이기 때문에 통장을 말할 때 써요.

● **Tài khoản** 따이 코안 계좌

Sổ와 같이 쓰여 Sổ tài khoản (통장)이라고 암기하세요.

단어정리
muốn 원하다, ~하고 싶다
mở 열다, 개설하다, 개업하다
đóng 닫다
sổ 기록, 등록, 장부
tài khoản 계좌
cửa 문

02 Anh có cần thẻ rút tiền không?

아인 꼬 껀 태 줏 띠엔 콩
당신　　　필요하다 카드 인출하다 돈

MP3_17_02

당신은 현금인출카드가 필요하세요?

● Có + 동사 / 형용사 + không? ~해요?

앞 과에서 공부한 구문이에요. Có + 동사/형용사 + không?은 '동사/형용사 해요? 합니까?'라는 의미라고 했어요.

예 Có cần không? 필요해요?

　　Có vui không? 기뻐요?

● Cần 껀 필요하다

은행 직원이 고객에게 필요한지 묻고 있어요.

예 Anh cần gì? 당신은 무엇이 필요하세요?

≫ 은행 관련 주요 단어

Thẻ tín dụng 태 띤 중　신용카드
Máy rút tiền 마이 줏 띠엔　ATM기기 (현금인출기)
Gửi tiền 그이 띠엔　입금하다
Chuyển khoản 쭈이엔 코안　이체하다

📖 단어정리

cần 필요하다
thẻ 카드
rút 인출하다, 뽑다
tiền 돈, 현금
thẻ rút tiền
　현금인출카드

03

MP3_17_03

또이	새	도이	띠엔	돌 라	자	비엣 남
Tôi	sẽ	đổi	tiền	đô la	ra	Việt Nam
저	~할 것이다	바꾸다	돈	달러		베트남

동	느어
đồng	nữa.
동	더

저는 달러를 베트남 동으로도 환전할게요.

● Sẽ 새 ~할 것이다, ~할게요

미래시제로 본동사 앞에 써서 시제를 만들어요. 베트남어는 동사를 나열하기만 하면 돼요.

● Đổi 도이 바꾸다

기존의 것을 다른 것으로 바꿀 때 쓰는 동사예요.

● Đô la 돌 라 달러

미화 달러는 Đô la Mỹ 돌라미라고 써요.

● Ra 자 이동해나가다, 나오다, 어떤 모양으로 변화되다

동사로 쓰면 '나가다, 나오다'의 뜻을 가진 동사이지만 본문에서는 이동해서 새로운 모양으로 변화되어 가는 과정을 나타내는 의미로 쓰였어요.

● Nữa 느어 더

추가의 의미가 있는 nữa가 쓰인 것으로 보아 본문에서 고객이 현금인출카드도 만들고 환전도 한다는 것을 알 수 있어요.

단어정리
- sẽ ~할 것이다
- đổi 바꾸다
- tiền 돈, 현금
- đổi tiền 환전하다
- đô la 달러
- ra 이동해가다, 나오다, 변화되다
- nữa 더
- đô la Mỹ 미화 달러

04

MP3_17_04

더이	라	바	찌에우	동	마	아인	도이
Đây	là	ba	triệu	đồng	mà	anh	đổi
여기	이다	3	백만	동	~한	당신	바꾸다

띠엔
tiền.
돈

여기 당신이 환전하신 3백만 동이에요.

● **Đây** 더이 여기, 이것, 이곳

지시사로 가까운 것, 가까운 곳을 가리킬 때 써요.

≫ 베트남어 지시사

Kia 끼어   저기, 저것, 저곳
Đó 도. Đấy 더이 거기, 그것, 그곳

● **Triệu** 찌에우 백만

Ba triệu는 3백만이라는 뜻으로 미화 기준으로 약 136달러(현재 2017년 1달러=22,000 đồng)예요.

● **Mà** 마 ~한, 그러나

본문에서 쓰인 mà는 문장 중간에서 관계대명사 역할을 해요. 앞에 있는 300만 동을 수식하고 뒤에 있는 anh đổi tiền(당신이 환전한) 절을 이끌기 위해 쓰였어요. '~한'으로 해석해서 '당신이 환전한 300만 동'이라고 해석해요.

단어정리

đây 여기, 이것, 이곳
là ~이다
ba 3
triệu 백만
mà ~한, 그러나
đổi 바꾸다
tiền 돈, 현금

발음 써보기 은행에서 대화하고 있어요. MP3_17_05

A Tôi muốn mở sổ tài khoản.

B Anh có cần thẻ rút tiền không?

A Tôi sẽ đổi tiền đô la ra Việt Nam

đồng nữa.

B Đây là ba triệu đồng mà anh đổi tiền.

A 저는 통장을 개설하고 싶어요.
B 당신은 현금인출카드가 필요하세요?
A 저는 달러를 베트남 동으로도 환전할게요.
B 여기 당신이 환전하신 3백만 동이에요.

단어정리

muốn 원하다, ~하고 싶다
sổ 기록, 등록, 장부
cần 필요하다
rút 인출하다, 뽑다
thẻ rút tiền 현금인출카드
đổi 바꾸다
đổi tiền 환전하다
ra 이동해가다, 나오다, 변화되다
đây 여기, 이것, 이곳
ba 3

mở 열다, 개설하다, 개업하다
tài khoản 계좌
thẻ 카드
tiền 돈, 현금
sẽ ~할 것이다
đô la 달러
nữa 더
là ~이다
triệu 백만
mà ~한, 그러나

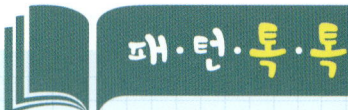

01 🎧 MP3_17_06

저는 통장을 개설하고 싶어요.

또이   무온   머   소   따이   코안
Tôi muốn mở sổ tài khoản.

① **Đóng** 동   해지하다
② **Đổi** 도이   바꾸다
③ **Mở thêm** 머 템   더 개설하다

단어
thêm 더하다

02 🎧 MP3_17_07

당신은 현금인출카드가 필요하세요?

아인   꼬   껀   태   줏   띠엔   콩
Anh có cần thẻ rút tiền không?

① **Thẻ tín dụng** 태 띤 중   신용카드
② **Hóa đơn** 호아 던   영수증
③ **Ngân phiếu** 응언 피에우   수표

03   🎧 MP3_17_08

저는 달러를 베트남 동으로도 환전할게요.

또이 새 도이 띠엔 도 라 자 비엣 남 동
Tôi sẽ đổi tiền đô la ra Việt Nam đồng

느어
nữa.

① **Won Hàn Quốc** 원한꾸옥   한국 원화
② **Yên Nhật Bản** 엔녓반   일본 엔화
③ **Nhân dân tệ Trung Quốc** 년전떼쭝꾸옥   중국 위안화

04   🎧 MP3_17_09

여기 당신이 환전하신 3백만 동이에요.

더이 라 바 찌에우 동 마 아인 도이 띠엔
Đây là ba triệu đồng mà anh đổi tiền.

① **Nhờ** 녀   부탁한
② **Nói** 노이   말한
③ **Vay** 바이   빌린

문·제·척·척

1 빈칸에 알맞은 베트남어 문자를 써 보세요.

1   소
    S ☐   기록, 수첩, 장부

2   태
    Th ☐   카드

3   도이
    Đ ☐ i   바꾸다

4   더이
    Đ ☐ y   여기, 이것, 이곳

2 본문 내용과 발음을 참고하여 빈 칸에 알맞은 단어를 써 보세요.

A 또이   무온   머 소   따이   코안
   Tôi muốn mở sổ [tài] [khoản].
   저는 통장을 개설하고 싶어요.

B 아인 꼬 껀 태   줏   띠엔 콩
   Anh có cần thẻ [rút] tiền không?
   당신은 현금인출카드가 필요하세요?

A 또이 새   도이   띠엔   돌 라 자 비엣 남 동
   Tôi sẽ [đổi] [tiền] đô la ra Việt Nam đồng

   느어
   nữa.
   저는 달러를 베트남 동으로도 환전할게요.

B 더이 라 바   찌에우 동   마   아인 도이 띠엔
   Đây là ba triệu đồng [mà] anh đổi tiền.
   여기 당신이 환전하신 3백만 동이에요.

Photo by Iryna Hromotska / Shutterstock.com

Chapter 18
병원

⊙ **회화 포인트**
몸의 상태에 대해 말하기
병원에서 하는 대화

⊙ **문법 포인트**
부정적 수동태 표현
완료/과거 표현

01

MP3_18_01

또이	비	다우	더우	바	호	니에우
Tôi	bị	đau	đầu	và	ho	nhiều.
저		아픈	머리	그리고	기침하다	많이

저는 머리가 아프고 기침을 많이 해요.

● **Bị** 비 주어 입장에서 안 좋은 일을 당했을 때 쓰는 수동태

아픈 일 역시 안 좋은 일이므로 아프다고 표현할 때는 bị를 반드시 써요.

* Bị đau + 신체부위 : ~가 아프다

≫ 주요 신체 부위

Đầu 더우 머리	Mắt 맛 눈	Tai 따이 귀
Mũi 무이 코	Cổ 꼬 목	Cổ họng 꼬 홍 목구멍
Vai 바이 어깨	Lưng 릉 등	Tay 따이 손
Chân 쩐 다리	Dạ dày 자 자이 위	

단어정리

bị 안 좋은 일을 당했을 때 쓰는 수동태
đau 아픈
đầu 머리
và 그리고
ho 기침하다
nhiều 많이, 많은

02 Anh có bị sốt không?
아인 꼬 비 솟 콩
당신 　 　 열이 나는 　

MP3_18_02

당신은 열이 나요?

● **Sốt** 솟 열이 나는

열이 나는 현상도 주어 입장에서는 좋지 않은 일이므로 bị를 사용해서 bị sốt 이라고 써요.

평서문 : Anh bị sốt. 당신은 열이 나요.

의문문 : Anh có bị sốt không? 당신은 열이 나요?

Có + 동사/형용사 + không? 구문이 쓰였어요 : 동사/형용사 해요?

≫ **아픈 표현들**

Bị đau đầu 머리가 아프다	Bị đau bụng 배가 아프다
Bị đau cổ họng 목이 아프다	Bị sốt 열이 나다
Bị cảm 감기 걸리다	Bị gãi tay/chân 손/발이 부러지다
Bị dị ứng 두드러기가 나다	Bị tiêu chảy 설사를 하다

bị 안 좋은 일을 당했을 때 쓰는 수동태

sốt 열이 나는

03

MP3_18_03

아인	비	깜	조이	아인	넨	띠엠
Anh	bị	cảm	rồi.	Anh	nên	tiêm
당신		감기		당신	~하는 편이 좋다	주사 맞다

바	우옹	투옥
và	uống	thuốc.
그리고	복용하다	약

당신은 감기에 걸렸어요. 당신은 주사를 맞고 약을 복용하는 편이 좋겠어요.

● **Bị cảm** 비깜 감기 걸리다

＊ Bị ốm 비옴 아프다 (몸살기운이 있거나 컨디션이 안 좋을 때)

  Bị bệnh 비베인 병에 걸리다

● **Rồi** 조이 완료

'이미 ~했다'라고 표현할 때 문장 끝에 써서 완료나 과거 의미를 나타내요.

● **Nên** 넨 ~하는 편이 좋다

nên은 조동사로 본동사 tiêm 앞에 쓰였어요.

● **Uống** 우옹 복용하다, 마시다

'약을 먹다'라는 뜻으로 말하면서 '마시다'라는 의미의 동사 uống을 쓴다는 것을 기억하세요!

단어정리

bị cảm 감기 걸리다
rồi (완료나 과거 의미)
nên ~하는 편이 좋다
tiêm 주사 맞다
và 그리고
uống 복용하다, 마시다
thuốc 약

04 Vâng. Tôi cần nghỉ ở nhà.
벙 또이 껀 응이 어 냐
네   저 필요하다 쉬다 ~에서 집

MP3_18_04

네. 저는 집에서 쉴 필요가 있어요.

● **Vâng** 벙 네

영어의 Yes처럼 긍정의 대답이에요.

● **Cần** 껀 필요하다

Cần 동사 뒤 본동사 nghỉ(쉬다)를 나열해서 써요. 베트남어는 동사 여러 개를 나열하기만 하면 돼요.

예) Cần ngủ 잘 필요가 있다
    Cần uống thuốc 약을 복용할 필요가 있다
    Cần nằm viện 입원할 필요가 있다

단어정리

vâng 네
cần 필요하다
nghỉ 쉬다
ở ~에(서)
nhà 집

회·화·술·술

발음 써보기 병원에서 대화하고 있어요. 🎧 MP3_18_05

A Tôi bị đau đầu và ho nhiều.

B Anh có bị sốt không?

   Anh bị cảm rồi. Anh nên tiêm và uống thuốc.

A Vâng. Tôi cần nghỉ ở nhà.

A 저는 머리가 아프고 기침을 많이 해요.
B 당신은 열이 나요?
   당신은 감기에 걸렸어요. 당신은 주사를 맞고 약을 복용하는 편이 좋겠어요.
A 네. 저는 집에서 쉴 필요가 있어요.

단어정리

bị 안 좋은 일을 당했을 때 쓰는 수동태
đầu 머리
ho 기침하다
sốt 열이 나는
rồi 완료나 과거 의미
tiêm 주사 맞다
uống 복용하다, 마시다
vâng 네
nghỉ 쉬다
nhà 집

đau 아픈
và 그리고
nhiều 많이, 많은
bị cảm 감기 걸리다
nên ~하는 편이 좋다
và 그리고
thuốc 약
cần 필요하다
ở ~에(서)

01 🎧 MP3_18_06

저는 머리가 아프고 기침을 많이 해요.

또이 비 다우 더우 바 호 니에우
Tôi bị đau đầu và ho nhiều.

① **Bụng** 붕 배 – **Không tiêu hóa** 콩 띠에우 호아 소화가 안 되는
② **Chân** 쩐 다리 – **Mệt quá** 멧 꾸아 너무 피곤한
③ **Mắt** 맛 눈 – **Căng thẳng** 깡 탕 긴장되는

단어
tiêu hóa 소화가 되다   mệt 피곤한

02 🎧 MP3_18_07

당신은 열이 나요?

아인 꼬 비 솟 콩
Anh có bị sốt không?

① **Sổ mũi** 소 무이 콧물
② **Buồn nôn** 부온 논 구역질
③ **Dị ứng** 지 응 두드러기

03 🎧 MP3_18_08

당신은 감기에 걸렸어요. 당신은 주사를 맞고 약을 복용하는 편이 좋겠어요.

아인 비 깜 로이
Anh bị cảm rồi.

아인 넨 띠엠 바 우옹 투옥
Anh nên tiêm và uống thuốc.

① **Uống nước nhiều** 우옹 느억 니에우 물을 많이 마시다
② **Nghỉ mấy ngày** 응이 머이 응아이 며칠 쉬다
③ **Rửa tay sạch** 즈어 따이 사익 손을 깨끗이 씻다

 단어

Nhiều 많은, 많이 **Mấ ngày** 며칠 **Rửa** 씻다 **Sạch** 깨끗한

04 🎧 MP3_18_09

네. 저는 집에서 쉴 필요가 있어요.

벙 또이 껀 응이 어 냐
Vâng. Tôi cần nghỉ ở nhà.

 단어

Khám 진찰하다, 진찰받다
Kiểm tra 점검하다, 검진하다
Sức khỏe 건강
Thử 검사 **Máu** 피

① **Đi khám bệnh** 디 캄 베인
진찰 받으러 가다
② **Kiểm tra sức khỏe** 끼엠 짜 슥 코애
건강 검진하다
③ **Thử máu** 트 마우 피 검사를 하다

1 빈칸에 알맞은 베트남어 문자를 써 보세요.

    다우
1 Đ[au]u 아픈

    솟
2 S[ố]t 열이 나는

   비   깜
3 B[ị] c[ả]m 감기 걸리다

    투옥
4 Th[u]ốc 약

2 본문 내용과 발음을 참고하여 빈 칸에 알맞은 단어를 써 보세요.

A Tôi bị đau ㅤ đầu ㅤ và ㅤ ho ㅤ nhiều.
또이 비 다우 더우 바 호 니에우

저는 머리가 아프고 기침을 많이 해요.

B Anh có bị ㅤ sốt ㅤ không?
아인 꼬 비 솟 콩

당신은 열이 나요?

Anh bị cảm rồi. Anh nên ㅤ tiêm ㅤ và
아인 비 깜 로이 아인 넨 띠엠 바

ㅤ uống ㅤ thuốc.
우옹 투옥

당신은 감기에 걸렸어요. 당신은 주사를 맞고 약을 복용하는 편이 좋겠어요.

A Vâng. Tôi cần ㅤ nghỉ ㅤ ở nhà.
벙 또이 껀 응이 어 냐

네. 저는 집에서 쉴 필요가 있어요.

Chapter 15~18 주요 문법 및 표현

- **식당, 상점 등 주인이나 종업원이 손님을 맞이할 때**
  Xin mời vào. → 어서오세요.

- **식당, 상점 등 손님이 나갈 때 주인이나 종업원의 인사 표현**
  Đi cẩn thận nhé! → 조심히 가세요!
  Lần sau đến lại nhé! → 다음에 또 오세요!

- **음식을 주문할 때**
  Cho tôi + 음식 이름 → ~주세요

- **음식을 먹을 때**
  Chúc ăn ngon miệng! → 맛있게 드세요!

- **교통수단**
  Đi bằng + 교통 수단 → 교통수단을 타고 가다

- **주요 교통수단**

Xe máy 오토바이	Máy bay 비행기
Xe buýt 버스	Xe đạp 자전거
Tàu hỏa 기차	Tàu thủy 배
Xe điện ngầm 지하철	

- **시간, 공간에 모두 사용하는 Từ A đến B   A에서 B까지 / A부터 B까지**
  Từ 2giờ đến 5giờ → 2시부터 5시까지
  Từ Hà Nội đến TP.HCM → 하노이에서 호찌민시까지

- **문장 끝의 ~Mà!   ~인데요!~인걸요!**
  Tốt mà! → 좋은데요!

- **부정문에서 문장 끝의 ~Đâu!   강조의 의미**
  Không ăn đâu! → 먹지 않아요!

앞에서 배운 내용을 생각하며 읽어보세요.

- **은행에서**
  Mở tài khoản → 계좌를 개설하다
  Rút tiền → 현금을 인출하다
  Sử dụng thẻ → 카드를 사용하다

- **문장 중간의 A Mà B   B한 A (관계대명사 역할)**
  Áo mà tôi đã mua → 내가 산 옷

- **지시사**
  Đây → 여기, 이것, 이곳
  Kia → 저기, 저것, 저곳
  Đó, Đấy → 거기, 그것, 그곳

- **병명**
  Bị đau + 신체 부위 → ~가 아프다
  Bị đau mắt → 눈이 아프다

- **주요 신체 부위**

Đầu 더우	머리	Mắt 맛	눈
Tai 따이	귀	Mũi 무이	코
Cổ 꼬	목	Cổ họng 꼬 홍	목구멍
Miệng 미엥	입	Lưng 릉	등
Tay 따이	손	Chân 쩐	다리
Dạ dày 자 자이	위	Vai 바이	어깨

  Bị ốm → 아프다 (몸살 기운이 있거나 컨디션이 안 좋을 때)
  Bị bệnh → 병에 걸리다

Chapter 15~18 복습 회화정리

Chapter 15 식당

○ Xin mời vào. Anh gọi món gì?
어서오세요. 당신은 무슨 요리를 주문하나요?

○ Cho tôi bún chả và phở bò.
분짜와 소고기 쌀국수를 주세요.

○ Bún chả, phở bò đây. Chúc ăn ngon miệng!
분짜, 소고기 쌀국수 여기요. 맛있게 드세요!

○ Món ăn Việt Nam ngon thật!
베트남 요리 정말 맛있어요!

Chapter 16 교통

○ Anh đi Đà Nẵng bằng gì?
당신은 무엇을 타고 다낭에 가요?

○ Tôi sẽ đi bằng máy bay.
저는 비행기로 갈 거예요.

○ Từ sân bay Đà Nẵng đến bãi biển Mỹ Khê có xa không?
다낭 공항에서 미케 해변까지 멀어요?

○ Gần mà! không mất ba mươi phút đâu!
가까운걸요! 30분 안 걸려요!

앞에서 배운 내용을 생각하며 읽어보세요.

Chapter 17 은행

- Tôi muốn mở sổ tài khoản.
  저는 통장을 개설하고 싶어요.

- Anh có cần thẻ rút tiền không?
  당신은 현금인출카드가 필요하세요?

- Tôi sẽ đổi tiền đô la ra Việt Nam đồng nữa.
  저는 달러를 베트남 동으로도 환전할게요.

- Đây là ba triệu đồng mà anh đổi tiền.
  여기 당신이 환전하신 3백만 동이에요.

Chapter 18 병원

- Tôi bị đau đầu và ho nhiều.
  저는 머리가 아프고 기침을 많이 해요.

- Anh có bị sốt không?
  당신은 열이 나요?

- Anh bị cảm rồi. Anh nên tiêm và uống thuốc.
  당신은 감기에 걸렸어요. 당신은 주사를 맞고 약을 복용하는 편이 좋겠어요.

- Vâng. Tôi cần nghỉ ở nhà.
  네. 저는 집에서 쉴 필요가 있어요.

 정답

✓ Chapter 1

회·화·술·술 - 발음 써보기

씬 짜오 아인
아인 꼬 코애 콩
또이 코애 꼰 아인
또이 꿍 코애 깜 언 아인

문·제·척·척 - 정답

1 1) Chào   2) Anh
   3) Không   4) Mẹ

2 1) Khỏe   2) Còn
   3) Cảm ơn   4) Cũng

3 A) Xin, Anh
   B) Cảm ơn, khỏe, Còn
   A) cũng

✓ Chapter 2

회·화·술·술 - 발음 써보기

아인 라 응어이 느억 나오
또이 라 응어이 한 꾸옥
또이 라 응어이 비엣 남
젓 부이 드억 갑 아인
또이 꿍 젓 부이 드억 람 꾸엔 버이 아인

문·제·척·척 - 정답

1 1) Người   2) Nước
   3) Rất   4) Được

2 A) người
   B) Hàn Quốc
   A) Việt Nam, vui
   B) làm quen

✓ Chapter 3

회·화·술·술 - 발음 써보기

씬 로이 아인 뗀 라 지
또이 뗀 라 여정
남 나이 아인 바오 니에우 뚜오이
남 나이 또이 바 므어이 람 뚜오이

문·제·척·척 - 정답

1 1) Tên   2) Năm
   3) Tuổi   4) Một

2 A) gì
   B) tên
   A) tuổi
   B) ba mươi lăm

Chapter 4

회·화·술·술 - 발음 써보기

쟈 딘 (꾸어) 아인 꼬 머이 응어이
쟈 딘 (꾸어) 또이 꼬 본 응어이
보 매 앰 짜이 바 또이
쟈 딘 (꾸어) 또이 찌 꼬 보 매 바 또이 토이

문·제·척·척 - 정답

1 1) Gia đình   2) mấy
   3) bốn   4) chỉ

2 A) Gia đình
   B) bốn, và
   A) thôi

 Chapter 5

회·화·술·술 - 발음 써보기

아인 송 어 더우
또이 송 어 하 노이
아인 람 응애 지
또이 라 년 비엔 꽁 띠

문·제·척·척 - 정답

1 1) Sống   2) Nghề
   3) Làm   4) Nhân viên

2 A) đâu
   B) sống
   A) nghề
   B) công ty

Chapter 6

회·화·술·술 - 발음 써보기

버이 져 라 머이 져
버이 져 라 사우 져 므어이 풋
홈 나이 라 (홈) 트 머이
홈 나이 라 (홈) 트 바

문·제·척·척 - 정답

1 1) Bây giờ
   2) (Hôm) thứ mấy
   3) Chủ nhật
   4) Hôm nay

2 A) giờ
   B) phút
   A) Hôm nay
   B) thứ ba

Chapter 7

회·화·슬·슬 - 발음 써보기

신 녓 꾸어 아인 라 응아이 바오 니에우 탕 머이

신 녓 꾸어 또이 라 응아이 하이 므어이 본 탕 못

홈 나이 라 응아이 몽 머이 탕 머이

홈 나이 라 응아이 몽 하이 탕 뜨

문·제·척·척 - 정답

1) 1) Sinh nhật   2) Ngày
   3) Tháng   4) Mồng

2) A) Sinh nhật
   B) hai mươi bốn
   A) mồng mấy
   B) tháng tư

 ## Chapter 8

회·화·슬·슬 - 발음 써보기

아인 당 람 지

또이 당 삽 쎕 하인 리

사오 테 아인 디 주 릭 아

벙 꾸오이 뚜언 또이 디 다낭

문·제·척·척 - 정답

1) 1) Đang   2) Sắp xếp
   3) Du lịch 4) Đà Nẵng

2) A) gì
   B) hành lý
   A) thế
   B) Vâng

 ## Chapter 9

회·화·슬·슬 - 발음 써보기

홈 나이 터이 띠엣 테 나오

홈 나이 쩌이 므어

미엔 남 비엣 남 꼬 하이 무어

미엔 박 비엣 남 꼬 본 무어

문·제·척·척 - 정답

1) 1) Thời tiết 2) Trời
   3) Miền   4) Bắc

2) A) thế nào
   B) mưa
   A) Miền Nam
   B) bốn mùa

Chapter 10

회·화·술·술 - 발음 써보기

알로 아인 쭝 꼬 어 냐 콩
버이 져 아인 어이 콩 어 냐
쪼 또이 비엣 소 디엔 토아이 지 동 꾸어
아인 어이
아인 쩌 못 쭛 소 디엔 토아이 꾸어 아인
어이 라 콩 찐 못

문·제·척·척 - 정답

1 1) Bây giờ   2) Biết
   3) Điện thoại   4) Chờ

2 A) có, không
   B) nhà
   A) Cho
   B) một chút

 Chapter 11

회·화·술·술 - 발음 써보기

아인 무어 지
쏘아이 나이 바오 니에우 띠엔 못 껀
바이 므어이 응인 동 못 껀
똣 꼬 반 쪼 또이 못 낄-로

문·제·척·척 - 정답

1 1) Mua   2) Xoày
   3) Cân   4) Tốt

2 A) mua
   B) bao nhiêu tiền
   A) cân
   B) Tốt, bán

 Chapter 12

회·화·술·술 - 발음 써보기

아오 나이 닷 꾸아
재 마 콩 닷 더우
아인 쨤 쟈 쪼 또이
토이 드억 또이 새 벗 므어이 펀 짬 녜

문·제·척·척 - 정답

1 1) Đắt   2) Giảm
   3) Bớt   4) Được

2 A) đắt
   B) Rẻ
   A) giảm giá
   B) Thôi

Chapter 13

회·화·술·술 - 발음 써보기

아인 다 디 다낭 바오 져 쯔어
떳 니엔 또이 다 디 다낭 하이 런 조이
퐁 까인 꾸어 다낭 테 나오
댑 람 바이 비엔 꾸어 다낭 브어 댑 브어 이
엔 띤

문·제·척·척 - 정답

1 1) Đã   2) Lần
   3) Thế nào   4) Bãi biển

2 A) bao giờ chưa
   B) Tất nhiên
   A) Phong cảnh
   B) vừa, vừa

 Chapter 14

회·화·술·술 - 발음 써보기

아인 틱 몬 테 타오 나오
또이 틱 쩌이 봉 다
테 티 쭝 따 꿍 디 쩌이 봉다 녜
뜻 꾸아 쭝 따 꿍 디 선 번 동 쩌이 봉 다 녜

문·제·척·척 - 정답

1 1) Thể thao   2) Bóng đá
   3) Chơi   4) Nhé

2 A) môn thể thao
   B) chơi bóng đá
   A) cùng, nhé
   B) sân vận động

 Chapter 15

회·화·술·술 - 발음 써보기

씬 머이 바오 아인 고이 몬 지
쪼 또이 분 짜 바 퍼 보
분 짜 퍼 보 더이 쭉 안 응온 미엥
몬 안 비엣 남 응온 텃

문·제·척·척 - 정답

1 1) Gọi   2) Phở
   3) Ngon   4) Món ăn

2 A) Xin mời vào
   B) bún chả, phở bò
   A) Chúc ăn ngon miệng

Chapter 16

회·화·술·술 - 발음 써보기

아인 디 다낭 방 지
또이 새 디 방 마이 바이
뜨 선 바이 다낭 덴 바이 비엔 미 케 꼬 싸 콩
건 마 콩 멋 바 므어이 풋 더우

문·제·척·척 - 정답

1) 1) Bằng 2) máy bay
   3) mất   4) Gần

2) A) bằng gì
   B) máy bay
   A) Từ, đến
   B) không mất

 Chapter 17

회·화·술·술 - 발음 써보기

또이 무온 머 소 따이 코안
아인 꼬 껀 태 줏 띠엔 콩
또이 새 도이 띠엔 돌 라 자 비엣 남 동 느어
더이 라 바 찌에우 동 마 아인 도이 띠엔

문·제·척·척 - 정답

1) 1) Sổ   2) Thẻ
   3) Đổi   4) Đây

2) A) tài khoản
   B) rút
   A) đổi tiền
   B) mà

 Chapter 18

회·화·술·술 - 발음 써보기

또이 비 다우 더우 바 호 니에우
아인 꼬 비 솟 콩
아인 비 깜 조이 아인 넨 띠엠 바 우옹 투옥
벙 또이 껀 응이 어 냐

문·제·척·척 - 정답

1) 1) Đau   2) Sốt
   3) Bị cảm   4) Thuốc

2) A) đầu, ho
   B) sốt, tiêm, uống
   A) nghỉ

외국어 출판 45년의 신뢰
외국어 전문 출판 그룹
동양북스가 만드는 책은 다릅니다.

45년의 쉼 없는 노력과 도전으로 책 만들기에 최선을 다해온
동양북스는 오늘도 미래의 가치에 투자하고 있습니다.
대한민국의 내일을 생각하는 도전 정신과 믿음으로 최선을 다하겠습니다.

문·법·콕·콕 03 🎧 MP3_03_03

Năm nay anh bao nhiêu tuổi?
올해 당신은 나이가 어떻게 되세요?

문·법·콕·콕 04 🎧 MP3_03_04

Năm nay tôi ba mươi lăm tuổi.
올해 저는 35살이에요.

CHAPTER 04 가족

💬 **회·화·술·술** 본책 76p

○ 다음 대화 내용을 베트남어로 어떻게 말하는지 들어보세요. 🎧 MP3_04_05

A   당신의 가족은 몇 명이에요?

B   저의 가족은 네 명이에요.

      아버지, 어머니, 남동생과 저예요.

A   저의 가족은 아버지, 어머니와 저뿐이에요.

본문 회·화·정·리 본책 72p

○ 다음 본문의 문법 콕콕 회화를 들으며 큰 소리로 따라 하세요.

문·법·콕·콕 01   🎧 MP3_04_01

Gia đình (của) anh có mấy người?
당신의 가족은 몇 명이에요?

문·법·콕·콕 02   🎧 MP3_04_02

Gia đình (của) tôi có bốn người.
저의 가족은 네 명이에요.

본문 회·화·정·리 본책 60p

○ 다음 본문의 문법 콕콕 회화를 들으며 큰 소리로 따라 하세요.

문·법·콕·콕 01   🎧 MP3_03_01

Xin lỗi.
실례합니다.

Anh tên là gì?
당신은 성함이 어떻게 되세요?

문·법·콕·콕 02   🎧 MP3_03_02

Tôi tên là Yeo Jeong.
저는 이름이 여정이에요.

CHAPTER 03 이름과 나이

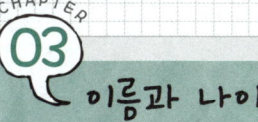

○ 다음 대화 내용을 베트남어로 어떻게 말하는지 들어보세요. 🎧 MP3_03_05

A 실례합니다.

당신은 성함이 어떻게 되세요?

B 저는 이름이 여정이에요.

A 올해 당신은 나이가 어떻게 되세요?

B 올해 저는 35살이에요.

문·법·콕·콕 03 🎧 MP3_04_03

Bố, mẹ, em trai và tôi.
아버지, 어머니, 남동생과 저예요.

문·법·콕·콕 04 🎧 MP3_04_04

Gia đình (của) tôi chỉ có bố, mẹ, và tôi thôi.
저의 가족은 아버지, 어머니와 저뿐이에요.

CHAPTER 05 사는 곳과 직업

 본책 88p

○ 다음 대화 내용을 베트남어로 어떻게 말하는지 들어보세요. 🎧 MP3_05_05

A 당신은 어디에 살아요?

B 저는 하노이에 살아요.

A 당신은 무슨 일을 하세요?

B 저는 회사원이에요.

문·법·콕·콕 03   🎧 MP3_02_03

Tôi là người Việt Nam.
저는 베트남 사람이에요.

Rất vui được gặp anh.
당신을 만나게 되어 아주 기뻐요.

문·법·콕·콕 04   🎧 MP3_02_04

Tôi cũng rất vui được làm quen với anh.
저도 당신을 알게 되어 아주 기뻐요.

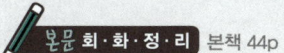 본책 44p

○ 다음 본문의 문법 콕콕 회화를 들으며 큰 소리로 따라 하세요.

문·법·콕·콕 01 🎧 MP3_02_01

Anh là người nước nào?
당신은 어느 나라 사람이에요?

문·법·콕·콕 02 🎧 MP3_02_02

Tôi là người Hàn Quốc.
저는 한국 사람이에요.

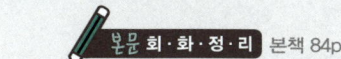 본책 84p

○ 다음 본문의 문법 콕콕 회화를 들으며 큰 소리로 따라 하세요.

문·법·콕·콕 01 🎧 MP3_05_01

Anh sống ở đâu?
당신은 어디에 살아요?

문·법·콕·콕 02 🎧 MP3_05_02

Tôi sống ở Hà Nội.
저는 하노이에 살아요.

| 문·법·콕·콕 03 | MP3_05_03 |

Anh làm nghề gì?
당신은 무슨 일을 하세요?

| 문·법·콕·콕 04 | MP3_05_04 |

Tôi là nhân viên công ty.
저는 회사원이에요.

국적

 본책 48p

○ 다음 대화 내용을 베트남어로 어떻게 말하는지 들어보세요. 🎧 MP3_02_05

A 당신은 어느 나라 사람이에요?

B 저는 한국 사람이에요.

A 저는 베트남 사람이에요.

   당신을 만나게 되어 아주 기뻐요.

B 저도 당신을 알게 되어 아주 기뻐요.

| 문·법·콕·콕 **03** | 🎧 MP3_01_03 |

Tôi khỏe.
저는 잘 지내요.

Còn anh?
그런데 당신은요?

| 문·법·콕·콕 **04** | 🎧 MP3_01_04 |

Tôi cũng khỏe.
저도 잘 지내요.

Cảm ơn anh.
고마워요.

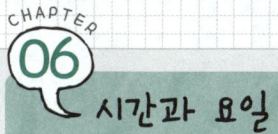

시간과 요일

 본책 100p

● 다음 대화 내용을 베트남어로 어떻게 말하는지 들어보세요. 🎧 **MP3_06_05**

A 지금 몇 시예요?

B 지금은 6시 10분이에요.

A 오늘은 무슨 요일이에요?

B 오늘은 화요일이에요.

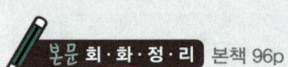 본책 96p

○ 다음 본문의 문법 콕콕 회화를 들으며 큰 소리로 따라 하세요.

문·법·콕·콕 01   MP3_06_01

Bây giờ là mấy giờ?
지금 몇 시에요?

문·법·콕·콕 02   MP3_06_02

Bây giờ là sáu giờ mười phút.
지금은 6시 10분이에요.

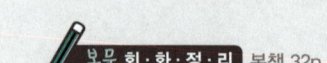 본책 32p

○ 다음 본문의 문법 콕콕 회화를 들으며 큰 소리로 따라 하세요.

문·법·콕·콕 01   MP3_01_01

Xin chào anh!
안녕하세요 당신!

문·법·콕·콕 02   MP3_01_02

Anh có khỏe không?
당신은 잘 지내요?

인사

회·화·술·술 본책 36p

○ 다음 대화 내용을 베트남어로 어떻게 말하는지 들어보세요. 🎧 MP3_01_05

A 안녕하세요, 당신!

    당신은 잘 지내요?

B 저는 잘 지내요.

    그런데 당신은요?

A 저도 잘 지내요.

    고마워요.

문·법·콕·콕 03 🎧 MP3_06_03

Hôm nay là (hôm) thứ mấy?
오늘은 무슨 요일이에요?

문·법·콕·콕 04 🎧 MP3_06_04

Hôm nay là (hôm) thứ ba.
오늘은 화요일이에요.

CHAPTER 07 생일과 날짜

 본책 116p

○ 다음 대화 내용을 베트남어로 어떻게 말하는지 들어보세요. 🎧 MP3_07_05

A 당신의 생일은 몇 월 며칠이에요?

B 저의 생일은 1월 24일이에요.

A 오늘은 몇 월 며칠이에요?

B 오늘은 4월 2일이에요.

회화 정리

본책에 나온 [문법 콕콕] [회화 술술]을 반복하여 복습할 수 있도록 정리했습니다. 들으면서 베트남어 회화를 따라해 보세요.

CHAPTER 18 병원

- [ ] **khám** 진찰하다, 진찰받다
- [ ] **kiểm tra** 점검하다, 검진하다
- [ ] **sức khỏe** 건강
- [ ] **thử** 검사
- [ ] **máu** 피

- 신체 부위와 아픈 표현들 -

Đầu 머리 / Mắt 눈 / Tai 귀 / Mũi 코 / miệng 입 / Cổ 목
Cổ họng 목구멍 / Vai 어깨 / Lưng 등 / Tay 손 / Chân 다리
Dạ dày 위 / Bụng 배 / Bị đau đầu 머리가 아프다 / Bị đau bụng 배가 아프다
Bị đau cổ họng 목이 아프다 / Bị sốt 열이 나다 / Bị cảm 감기 걸리다
Bị gãi tay/chân 손/발이 부러지다 / Bị dị ứng 두드러기가 나다 / Bị tiêu chảy 설사를 하다

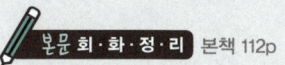 본책 112p

○ 다음 본문의 문법 콕콕 회화를 들으며 큰 소리로 따라 하세요.

 MP3_07_01

Sinh nhật của anh là ngày bao nhiêu tháng mấy?
당신의 생일은 몇 월 며칠이에요?

 MP3_07_02

Sinh nhật của tôi là ngày hai mươi bốn tháng một.
저의 생일은 1월 24일이에요.

문·법·콕·콕 03 🎧 MP3_07_03

Hôm nay là ngày mồng mấy tháng mấy?
오늘은 몇 월 며칠이에요?

문·법·콕·콕 04 🎧 MP3_07_04

Hôm nay là ngày mồng hai tháng tư.
오늘은 4월 2일이에요.

CHAPTER 18 병원

- ☐ bị 안 좋은 일을 당했을 때 쓰는 수동태
- ☐ đau 아픈
- ☐ đầu 머리
- ☐ và 그리고
- ☐ ho 기침하다
- ☐ nhiều 많이, 많은
- ☐ sốt 열이 나는
- ☐ bị cảm 감기 걸리다
- ☐ rồi 완료나 과거 의미
- ☐ nên ~하는 편이 좋다
- ☐ tiêm 주사 맞다
- ☐ và 그리고
- ☐ uống 복용하다, 마시다
- ☐ thuốc 약
- ☐ vâng 네
- ☐ cần 필요하다
- ☐ nghỉ 쉬다
- ☐ ở ~에(서)
- ☐ nhà 집
- ☐ ngủ 자다
- ☐ nằm viện 입원하다
- ☐ tiêu hóa 소화되다
- ☐ mệt 피곤한
- ☐ sổ mũi 콧물
- ☐ buồn nôn 구역질
- ☐ dị ứng 두드러기
- ☐ nhiều 많은, 많이
- ☐ mấy ngày 며칠
- ☐ rửa 씻다
- ☐ sạch 깨끗한

CHAPTER 17 은행

- ☐ chuyển khoản 이체하다
- ☐ thêm 더하다
- ☐ hóa đơn 영수증
- ☐ ngân phiếu 수표
- ☐ won Hàn Quốc 한국 원화
- ☐ yên Nhật Bản 일본 엔화
- ☐ nhân dân tệ Trung Quốc 중국 위안화
- ☐ nhờ 부탁한
- ☐ nói 말한
- ☐ vay 빌린

CHAPTER 08 기본 동작

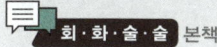 본책 128p

● 다음 대화 내용을 베트남어로 어떻게 말하는지 들어보세요. MP3_08_05

A 당신은 무엇을 하고 있어요?

B 저는 짐을 정리하고 있어요.

A 왜요? 당신은 여행가세요?

B 네. 주말에 저는 다낭에 가요.

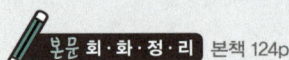

본문 회·화·정·리 본책 124p

○ 다음 본문의 문법 콕콕 회화를 들으며 큰 소리로 따라 하세요.

문·법·콕·콕 01 🎧 MP3_08_01

Anh đang làm gì?
당신은 무엇을 하고 있어요?

문·법·콕·콕 02 🎧 MP3_08_02

Tôi đang sắp xếp hành lý.
저는 짐을 정리하고 있어요.

CHAPTER 17 은행

- □ muốn 원하다, ~하고 싶다
- □ mở 열다, 개설하다, 개업하다
- □ sổ 기록, 등록, 장부
- □ tài khoản 계좌
- □ ăn 먹다
- □ nói 말하다
- □ cửa 문
- □ đóng 닫다
- □ cần 필요하다
- □ thẻ 카드
- □ rút 인출하다, 뽑다
- □ tiền 돈, 현금
- □ thẻ rút tiền 현금 인출 카드
- □ sẽ ~할 것이다
- □ đổi 바꾸다
- □ đổi tiền 환전하다
- □ đô la 달러
- □ đô la Mỹ 미화 달러
- □ ra 이동해가다, 나오다, 변화되다
- □ nữa 더
- □ đây 여기, 이것, 이곳
- □ là ~이다
- □ ba 3
- □ triệu 백만
- □ mà ~한, 그러나
- □ đổi 바꾸다
- □ thẻ tín dụng 신용카드
- □ máy rút tiền 현금인출기
- □ gửi 보내다, 맡기다
- □ gửi tiền 입금하다

CHAPTER 16 교통

- đi 가다
- bằng ~로(써)
- gì 무엇
- tay 손
- tiếng Việt 베트남어
- sẽ ~할 것이다
- từ ~에서
- sân bay 공항
- đến ~까지
- bãi biển 해변
- xa 먼
- gần 가까운
- mà ~인걸요
- mất 걸리다, 잃다, 돌아가시다
- ba mươi 30

- phút 분
- đâu (부정문) 강조, (의문문) 어디
- ví 지갑
- làm 일하다
- học 공부하다
- công viên 공원
- trung tâm 중심
- khách sạn 호텔
- nhà hàng 식당
- tiếng (걸리는) 시간, 언어
- rưỡi (단위의) 절반

- 교통수단 -

xe 자동차 / máy bay 비행기
xe máy 오토바이 / xe buýt 버스
xe đạp 자전거 / tàu hỏa 기차
xe điện ngầm 지하철 / taxi 택시
xe ôm 오토바이 택시 / xe ô tô 자동차

문·법·콕·콕 03 🎧 MP3_08_03

Sao thế? Anh đi du lịch à?
왜요? 당신은 여행가세요?

문·법·콕·콕 04 🎧 MP3_08_04

Vâng. Cuối tuần tôi đi Đà Nẵng.
네. 주말에 저는 다낭에 가요.

CHAPTER 09 날씨와 계절

회·화·술·술 본책 140p

○ 다음 대화 내용을 베트남어로 어떻게 말하는지 들어보세요. 🎧 MP3_09_05

A 오늘 날씨가 어때요?

B 오늘은 비가 와요.

A 베트남 남부 지역은 2계절이 있어요.

B 베트남 북부 지역은 4계절이 있어요.

☐ sườn 갈비

☐ đen 검정

☐ tươi 싱싱한

☐ ngọt 단맛이 나는

☐ cay 매운

- 베트남 요리 -

bún chả 숯불고기와 베트남식 국수 / Gỏi cuốn 월남쌈 / Phở 쌀국수
Bánh mì 바게뜨 빵을 사용한 베트남식 샌드위치 / Nem rán 베트남식 스프링롤(남부에서는 chả giò라고 함)
phở bò 소고기 쌀국수 / phở gà 닭고기 쌀국수

단어 단어 앞 체크박스에 표시하면서 단어를 외웠는지 확인해 보세요. 예 ☑ đĩa

CHAPTER 15 식당

- ☐ xin 청하다
- ☐ mời 초대하다
- ☐ vào 들어오다
- ☐ gọi 주문하다, 전화걸다, 부르다
- ☐ món 요리, 음식
- ☐ gì 무슨
- ☐ cho tôi~ ~주세요
- ☐ và ~와, 그리고
- ☐ đây 여기
- ☐ chúc 축하하다
- ☐ ăn 먹다
- ☐ ngon 맛있는
- ☐ miệng 입

- ☐ món ăn 요리
- ☐ thật 정말, 진짜
- ☐ trà 차
- ☐ cà phê 커피
- ☐ rượu 술
- ☐ cơm 밥
- ☐ rang 볶다
- ☐ đá 얼음
- ☐ sữa 우유
- ☐ nước 물
- ☐ chè 디저트 종류
- ☐ đậu đỏ 팥
- ☐ thập cẩm 모듬

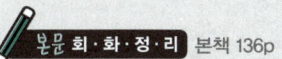 본문 회·화·정·리 본책 136p

○ 다음 본문의 문법 콕콕 회화를 들으며 큰 소리로 따라 하세요.

문·법·콕·콕 01 🎧 MP3_09_01

Hôm nay thời tiết thế nào?
오늘 날씨가 어때요?

문·법·콕·콕 02 🎧 MP3_09_02

Hôm nay trời mưa.
오늘은 비가 와요.

문·법·콕·콕 03 🎧 MP3_09_03

Miền nam Việt Nam có hai mùa.
베트남 남부 지역은 2계절이 있어요.

문·법·콕·콕 04 🎧 MP3_09_04

Miền bắc Việt Nam có bốn mùa.
베트남 북부 지역은 4계절이 있어요.

단어 단어 앞 체크박스에 표시하면서 단어를 외웠는지 확인해 보세요. 예 ☑ đĩa

CHAPTER 14 취미 묻기

- ☐ thích 좋아하다
- ☐ môn 종목, 과목
- ☐ thể thao 운동, 스포츠
- ☐ nào 어떤
- ☐ bóng đá 축구
- ☐ tiếng Anh 영어
- ☐ phim 영화
- ☐ chương trình 프로그램
- ☐ tập 연습하다
- ☐ chơi 놀다
- ☐ thế thì 그렇다면, 그러면
- ☐ chúng ta 우리
- ☐ cùng 같이
- ☐ đi 가다
- ☐ nhé ~하자
- ☐ tốt 좋은

- ☐ quá 아주, 매우
- ☐ sân vận động 운동장, 경기장
- ☐ món ăn 요리
- ☐ hát 노래
- ☐ nhạc 음악
- ☐ đọc 읽다
- ☐ sách 책
- ☐ chụp 찍다
- ☐ ảnh 사진
- ☐ học 공부하다
- ☐ mua sắm 쇼핑하다

- 운동 종목 -
bóng chày 야구 / cầu lông 배드민턴
bi-a 당구 / quần vợt 테니스
bóng bàn 탁구 / bóng chuyền 배구
ma-ra-tông 마라톤 / bóng rổ 농구
bóng đá 축구 / bóng bàn 탁구

단어 단어 앞 체크박스에 표시하면서 단어를 외웠는지 확인해 보세요. 예 ✓ đĩa

CHAPTER 13 경험 묻기

- ☐ đã ~했다
- ☐ đi 가다
- ☐ bao giờ chưa ~한 적 있어요?
- ☐ ăn 먹다
- ☐ nghe 듣다
- ☐ tất nhiên 당연하다
- ☐ hai lần 2번
- ☐ rồi 완료
- ☐ phong cảnh 풍경
- ☐ thế nào 어때요
- ☐ đẹp 아름다운
- ☐ lắm 아주, 매우
- ☐ bãi biển 해변
- ☐ vừa A vừa B
   A하기도 하고 B하기도 하다

- ☐ yên tĩnh 조용한, 고요한
- ☐ ảnh 사진
- ☐ xem 보다
- ☐ du lịch 여행하다
- ☐ hồ 호수
- ☐ xinh 예쁜
- ☐ ồn ào 시끄러운
- ☐ vui vẻ 즐거운
- ☐ tốt 좋은
- ☐ phức tạp 복잡한
- ☐ hòa bình 평화로운

CHAPTER 10 전화

💬 **회·화·술·술** 본책 152p

○ 다음 대화 내용을 베트남어로 어떻게 말하는지 들어보세요. 🎧 MP3_10_05

A 여보세요, 종 씨 집에 계세요?

B 지금 그는 집에 안 계세요.

A 저에게 그의 휴대전화 번호를 알려 주세요.

B 잠시만요.

그의 전화번호는 091….이에요.

30

회화 정리 | 67

본문 회·화·정·리 본책 148p

● 다음 본문의 문법 콕콕 회화를 들으며 큰 소리로 따라 하세요.

문·법·콕·콕 01 🎧 MP3_10_01

Alô, Anh Trung có ở nhà không?
여보세요, 쭝 씨 집에 계세요?

문·법·콕·콕 02 🎧 MP3_10_02

Bây giờ anh ấy không ở nhà.
지금 그는 집에 안 계세요.

CHAPTER 12 가격 흥정

- □ áo 옷
- □ này 이(지시형용사)
- □ đắt 비싼, 비싸다
- □ mắc 비싼, 비싸다(남부 지방)
- □ quá 아주, 매우, 너무
- □ rẻ 싼, 싸다
- □ mà! ~인걸요! ~인데요!
- □ không 아니다
- □ đâu (의문문) 어디, (부정문) 강조
- □ giảm 줄이다, 감소시키다
- □ giá 가격
- □ cho 에게
- □ thôi 그만두다, 정지
- □ được 가능하다, ~할 수 있다
- □ sẽ ~할 것이다
- □ bớt 빼다
- □ phần trăm 퍼센트
- □ buồn ngủ 졸린
- □ no 배부른
- □ mệt 피곤한
- □ chuyển 옮기다
- □ hàng 물건
- □ vé 표
- □ thêm 더하다
- □ nhân 곱하다
- □ chia 나누다

- 옷의 종류 -
áo sơ mi 와이셔츠 / quần 바지
váy 치마 / áo bơi 수영복
áo khoác 코트 / váy liền 원피스
giày 신발 / mũ 모자 / túi 가방

단어 단어 앞 체크박스에 표시하면서 단어를 외웠는지 확인해 보세요. 예 ☑ đĩa

CHAPTER 11 가격 묻기

- ☐ **quả** (북부지역에서 과일 셀 때) 개
- ☐ **nửa** 1/2
- ☐ **trái** (남부지역에서 과일 셀 때) 개
- ☐ **bộ** 세트
- ☐ **loại** 종류

- 과일 이름 -

Hoa quả 과일 (남부 지방에서는 Trái cây) / táo 사과 / lê 배 / nho 포도 / dưa hấu 수박
đu đủ 파파야 / chuối 바나나 / sầu riêng 두리안 / dứa 파인애플 (남부 지방에서는 Thơm)
quýt 귤 / chanh 레몬 / cam 오렌지 / xoài 망고

문·법·콕·콕 03 🎧 MP3_10_03

Cho tôi biết số điện thoại di động của anh ấy.
저에게 그의 휴대전화 번호를 알려 주세요.

문·법·콕·콕 04 🎧 MP3_10_04

Anh chờ một chút.
잠시만요.

Số điện thoại của anh ấy là 091….
그의 전화번호는 091….이에요.

CHAPTER 11 가격 묻기

회·화·술·술 본책 168p

○ 다음 대화 내용을 베트남어로 어떻게 말하는지 들어보세요.  MP3_11_05

A 당신은 무엇을 사요?

B 이 망고 1킬로그램은 얼마예요?

A 1킬로그램에 7만 동이에요.

B 좋아요.

    당신 저에게 1킬로그램 파세요.

CHAPTER 11 가격 묻기

- ☐ **mua** 사다
- ☐ **gì** 무엇
- ☐ **quà** 선물
- ☐ **bán** 팔다
- ☐ **màu** 색
- ☐ **xoài** 망고
- ☐ **này** 이(지시형용사)
- ☐ **bao nhiêu** 얼마나 많은
- ☐ **tiền** 돈
- ☐ **cân** 킬로그램 (=ki-lô)
- ☐ **này** 이(지시형용사)
- ☐ **đó** 그(지시형용사)
- ☐ **kia** 저(지시형용사)

- ☐ **nghìn** 1000 (=nhàn)
- ☐ **đồng** 동(베트남 화폐 단위)
- ☐ **tốt** 좋은, 좋다
- ☐ **cô** 아가씨, 고모
- ☐ **bán** 팔다
- ☐ **cho** 에게
- ☐ **ki-lô** 킬로그램
- ☐ **hỏi** 묻다
- ☐ **nói** 말하다
- ☐ **uống** 마시다
- ☐ **quýt** 귤
- ☐ **đĩa** 접시
- ☐ **thùng** 상자

CHAPTER 10 전화

- □ alô 여보세요
- □ ở ~에, ~에 있다
- □ nhà 집
- □ anh 젊은 남성에게 붙이는 호칭
- □ cô 젊은 여성에게 붙이는 호칭
- □ bây giờ 지금, 현재
- □ anh ấy 그 (3인칭 남성)
- □ không 아니다
- □ đi vắng 부재중이다
- □ cho ~하게 하다
- □ biết 알다
- □ số 번호, 숫자
- □ điện thoại 전화
- □ di động 이동
- □ chờ 기다리다

- □ một chút 조금, 잠깐
- □ chờ một chút 잠깐만요, 잠시만요
- □ đợi 기다리다
- □ thầy 선생님(남자)
- □ cô giáo 선생님(여자)
- □ bác 아저씨
- □ chiều 오후
- □ (Hôm) nay 오늘
- □ riêng 개인
- □ văn phòng 사무실
- □ địa chỉ 주소
- □ hộ chiếu 여권
- □ phòng 방
- □ xe 차

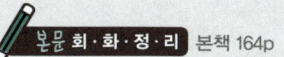

본문 회·화·정·리   본책 164p

○ 다음 본문의 문법 콕콕 회화를 들으며 큰 소리로 따라 하세요.

문·법·콕·콕 01 🎧 MP3_11_01

Anh mua gì?
당신은 무엇을 사요?

문·법·콕·콕 02 🎧 MP3_11_02

Xoài này bao nhiêu tiền một cân?
이 망고 1킬로그램은 얼마예요?

☐ **đẹp** 아름다운	☐ **kinh tế** 경제
☐ **nơi** 장소, 곳	☐ **thủ đô** 수도
☐ **nhiều** 많은	☐ **dân tộc** 민족
☐ **trung tâm** 중심	☐ **ít** 적은

문·법·콕·콕 03 🎧 MP3_11_03

Bảy mươi nghìn đồng một cân.
1킬로그램에 7만 동이에요.

문·법·콕·콕 04 🎧 MP3_11_04

Tốt.
좋아요.

Cô bán cho tôi một ki-lô.
당신 저에게 1킬로그램 파세요.

- 날씨 -
Trời nắng. 날씨가 좋다, 맑다. / Trời nóng. 날씨가 덥다. / Trời lạnh. 날씨가 춥다.
Trời mát. 날씨가 시원하다. / Trời có tuyết. (날씨가) 눈이 온다. / Trời ấm. 날씨가 따듯하다.

단어 단어 앞 체크박스에 표시하면서 단어를 외웠는지 확인해 보세요. 예 ✓ đĩa

CHAPTER 09 날씨와 계절

- □ hôm nay 오늘
- □ thời tiết 날씨
- □ thế nào 어때요, 어떻게
- □ món ăn 요리
- □ này 이, 이곳, 이것
- □ kia 저, 저곳, 저것
- □ trời 하늘
- □ mưa 비, 비가 오다
- □ miền 지역
- □ có 있다, 가지고 있다
- □ mùa 계절, 철
- □ hai mùa 2계절
- □ bốn mùa 4계절
- □ mùa mưa 우기
- □ mùa khô 건기
- □ mùa xuân 봄
- □ mùa hè 여름
- □ mùa thu 가을
- □ mùa đông 겨울
- □ đông 동
- □ tây 서
- □ nam 남
- □ bắc 북
- □ hôm qua 어제
- □ ngày mai 내일
- □ ngày kia 모레
- □ ấm 따뜻하다
- □ mây 구름
- □ bão 태풍
- □ bãi biển 해변가

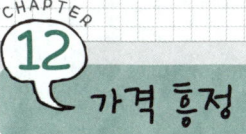

CHAPTER 12 가격 흥정

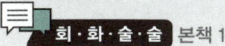 본책 180p

○ 다음 대화 내용을 베트남어로 어떻게 말하는지 들어보세요. MP3_12_05

A 이 옷 매우 비싸요!

B 싼걸요!

   비싼 거 아니에요!

A 당신 저에게 가격을 깎아 주세요.

B 그래요.

   제가 10% 뺄게요.

본문 회·화·정·리 본책 176p

● 다음 본문의 문법 콕콕 회화를 들으며 큰 소리로 따라 하세요.

문·법·콕·콕 01 🎧 MP3_12_01

Áo này đắt quá!
이 옷 매우 비싸요!

문·법·콕·콕 02 🎧 MP3_12_02

Rẻ mà!
싼걸요!

Không đắt đâu!
비싼 거 아니에요!

CHAPTER 08 기본 동작

- □ đang ~하고 있다, ~하는 중이다
- □ làm 하다, 일하다, 만들다
- □ gì 무엇
- □ việc 일
- □ bài tập 숙제
- □ sắp xếp 정리하다, 배치하다
- □ hành lý 짐
- □ gửi hành lý 수하물을 부치다
- □ gói hành lý 짐을 꾸리다
- □ dỡ hành lý 짐을 풀다
- □ sao 왜
- □ thế 그러한, 그렇게
- □ đi 가다
- □ du lịch 여행(하다)
- □ à 약간의 놀람이 섞인 의문부사
- □ vâng 네
- □ cuối tuần 주말
- □ Đà Nẵng 다낭(베트남 중부 도시)
- □ xem 보다
- □ nghe 듣다
- □ ăn 먹다
- □ mua 사다
- □ đồ 물건
- □ đọc 읽다
- □ báo 신문
- □ viết 쓰다
- □ thư 편지
- □ ngân hàng 은행
- □ sân bay 공항
- □ nhà hàng 음식점
- □ vịnh 만
- □ sông 강
- □ đảo 섬

단어 단어 앞 체크박스에 표시하면서 단어를 외웠는지 확인해 보세요. 예 ☑ đĩa

CHAPTER 07 생일과 날짜

- ☐ sinh nhật 생일
- ☐ của ~의
- ☐ ngày 일, 날
- ☐ bao nhiêu 얼마나 많은
- ☐ tháng 월, 달
- ☐ mấy 몇
- ☐ hai mươi bốn 24
- ☐ một 1
- ☐ hôm nay 오늘
- ☐ mồng 1일~10일 사이의 날짜 앞에 쓰이는 단어
- ☐ ngày mồng hai 2일
- ☐ tư 4(서수)
- ☐ kỳ thi 시험
- ☐ nghỉ hè 여름방학
- ☐ nghỉ đông 겨울방학
- ☐ giáng sinh 크리스마스
- ☐ tết dương lịch 양력 설
- ☐ ngày quốc khánh 베트남 독립일
- ☐ ngày mai 내일
- ☐ tuần sau 다음 주
- ☐ ngày nghỉ 쉬는 날, 휴무일

문·법·콕·콕 03 🎧 MP3_12_03

Anh giảm giá cho tôi.
당신 저에게 가격을 깎아 주세요.

문·법·콕·콕 04 🎧 MP3_12_04

Thôi được.
그래요.

Tôi sẽ bớt mười phần trăm (nhé).
제가 10% 뺄게요.

CHAPTER 13

경험 묻기

회·화·술·술 본책 192p

○ 다음 대화 내용을 베트남어로 어떻게 말하는지 들어보세요. 🎧 MP3_13_05

A 당신은 다낭에 가 본 적 있어요?

B 당연하죠.
   저는 다낭에 두 번 가 봤어요.

A 다낭의 풍경은 어때요?

B 아주 아름다워요!
   다낭의 해변은 아름답기도 하고 조용하기도 해요.

단어 단어 앞 체크박스에 표시하면서 단어를 외웠는지 확인해 보세요. 예 ✓ đĩa

CHAPTER 06 시간과 요일

☐ **bây giờ** 지금
☐ **mấy** 몇
☐ **giờ** 시
☐ **sáu** 6
☐ **mười** 10
☐ **phút** 분
☐ **giây** 초
☐ **hôm nay** 오늘
☐ **hôm** 날, 일
☐ **thứ** ~번째
☐ **ba** 3
☐ **cuối** 끝, 말

☐ **tuần** 주
☐ **cuối tuần** 주말
☐ **Kém** ~분 전
☐ **cái** 개(물건을 세는 단위)
☐ **lần** 회, 번(횟수를 세는 단위)
☐ **quyển** 권(책을 세는 단위)
☐ **rưỡi** 반(단위의 절반)
☐ **hôm qua** 어제
☐ **ngày mai** 내일
☐ **ngày kia** 모레

- 요일 -

Chủ nhật	Thứ hai	Thứ ba	Thứ tư	Thứ năm	Thứ sáu	Thứ bảy
일요일	월요일	화요일	수요일	목요일	금요일	토요일

단어 단어 앞 체크박스에 표시하면서 단어를 외웠는지 확인해 보세요. 예 ☑ dĩa

CHAPTER 05 사는 곳과 직업

- ☐ **sống** 살다
- ☐ **ở** ~에(서), ~에 있다
- ☐ **đâu** (의문문) 어디, (부정문) 강조
- ☐ **nhà** 집
- ☐ **Hà Nội** 하노이(베트남 수도)
- ☐ **làm** 하다, 일하다, 만들다
- ☐ **nghề** 직업
- ☐ **gì** 무슨
- ☐ **nhân viên** 종업원, 직원
- ☐ **công ty** 회사, 직장
- ☐ **việc** 일
- ☐ **nhà nước** 나라, 국가
- ☐ **nhân viên công ty** 회사원
- ☐ **nhân viên nhà nước** 국가 공무원

- ☐ **trường** 학교
- ☐ **bạn đồng nghiệp** 동료
- ☐ **giám đốc** 사장님
- ☐ **bố mẹ** 부모님
- ☐ **Thượng Hải** 상하이
- ☐ **TP.Hồ Chí Minh** 호치민시
- ☐ **Mỹ** 미국
- ☐ **cô ấy** 그녀
- ☐ **bạn** 친구
- ☐ **em gái** 여동생
- ☐ **bác sĩ** 의사
- ☐ **luật sư** 변호사
- ☐ **ca sĩ** 가수

- 직업 단어 -
bác sĩ 의사 / luật sư 변호사
giáo viên 교사 / sinh viên 대학생

📝 본문 회·화·정·리 본책 188p

○ 다음 본문의 문법 콕콕 회화를 들으며 큰 소리로 따라 하세요.

문·법·콕·콕 01 🎧 MP3_13_01

Anh đã đi Đà Nẵng bao giờ chưa?
당신은 다낭에 가 본 적 있어요?

문·법·콕·콕 02 🎧 MP3_13_02

Tất nhiên.
당연하죠.

Tôi đã đi Đà Nẵng hai lần rồi.
저는 다낭에 두 번 가 봤어요.

문·법·콕·콕 03 🎧 MP3_13_03

Phong cảnh của Đà Nẵng thế nào?
다낭의 풍경은 어때요?

문·법·콕·콕 04 🎧 MP3_13_04

Đẹp lắm!
아주 아름다워요!

Bãi biển của Đà Nẵng vừa đẹp vừa yên tĩnh.
다낭의 해변은 아름답기도 하고 조용하기도 해요.

- □ sáu 여섯
- □ anh trai 형(오빠)
- □ em gái 여동생
- □ chị gái 언니(누나)
- □ phòng học 교실
- □ công ty 회사
- □ nhà 집
- □ sinh viên 대학생
- □ mèo 고양이

CHAPTER 04 가족

- □ gia đình 가정, 가족
- □ của ~의
- □ có 있다, 가지고 있다
- □ mấy 몇
- □ người 사람
- □ bố 아버지
- □ mẹ 어머니
- □ em trai 남동생
- □ và ~와, ~과, 그리고
- □ nhưng 그러나
- □ tuy nhiên 비록 그렇지만
- □ còn 그러면
- □ khó tính 까다로운
- □ thích 좋아하다
- □ cao 높은, 키가 큰

- □ thấp 낮은, 키가 작은
- □ chỉ 단지
- □ thôi ~일 뿐이다
- □ cái này 이것
- □ nói 말하다
- □ tiếng Việt 베트남어
- □ tuy nhiên 비록 그렇지만
- □ chó 강아지
- □ sách 책
- □ bút 펜
- □ con 마리
- □ quyển 권
- □ cái 개 (수량)
- □ ba 셋
- □ năm 다섯

CHAPTER 14 취미 묻기

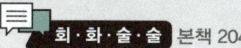 본책 204p

🔘 다음 대화 내용을 베트남어로 어떻게 말하는지 들어보세요. 🎧 MP3_14_05

A   당신은 어떤 운동 종목을 좋아해요?

B   저는 축구 하는 것을 좋아해요.

A   그럼 우리 같이 축구 하러 가요!

B   아주 좋아요!
    우리 축구하러 운동장에 같이 가요!

본문 회·화·정·리 본책 200p

● 다음 본문의 문법 콕콕 회화를 들으며 큰 소리로 따라 하세요.

문·법·콕·콕 01 🎧 MP3_14_01

Anh thích môn thể thao nào?
당신은 어떤 운동 종목을 좋아해요?

문·법·콕·콕 02 🎧 MP3_14_02

Tôi thích chơi bóng đá.
저는 축구 하는 것을 좋아해요.

단어 단어 앞 체크박스에 표시하면서 단어를 외웠는지 확인해 보세요. 예 ☑ đĩa

CHAPTER 03 이름과 나이

☐ **xin lỗi** 실례합니다

☐ **tên** 이름

☐ **là** ~이다

☐ **gì** 무엇

☐ **của** ~의

☐ **năm nay** 올해

☐ **năm** 해, 년

☐ **nay** 이 (지시형용사)

☐ **bao nhiêu** 얼마나 많은

☐ **tuổi** 나이, 연령, 세

☐ **mấy** 몇

☐ **ba mươi lăm** 35

☐ **năm ngoái**
    지난 해(=Năm trước)

☐ **năm sau** 내년(=Sang năm)

☐ **năm sau nữa** 내후년

☐ **bạn gái** 여자 친구

☐ **bạn trai** 남자 친구

☐ **bạn thân** 친한 친구

☐ **thầy ấy** 그 (남자) 선생님

☐ **con gái** 딸

- 숫자 -

1 Một / 2 Hai / 3 Ba / 4 Bốn
5 Năm / 6 Sáu / 7 Bảy
8 Tám / 9 Chín / 10 Mười
11 Mười một / 15 Mười lăm
20 Hai mươi / 31 Ba mươi mốt
100 Một trăm / 1000 Một nghìn
1,000,000 Một triệu
100,000,000 Một trăm triệu

단어 단어 앞 체크박스에 표시하면서 단어를 외웠는지 확인해 보세요. 예 ☑ đĩa

CHAPTER 02 국적

- ☐ anh 당신, 젊은 남자, 오빠, 형
- ☐ là ~이다
- ☐ người 사람
- ☐ nước 나라, 물
- ☐ nào 어떤, 어느
- ☐ quốc gia 국가
- ☐ tôi 나, 저
- ☐ Hàn Quốc 한국
- ☐ Việt Nam 베트남
- ☐ rất 아주, 매우
- ☐ vui 기쁜, 즐거운
- ☐ được ~하게 되다
- ☐ gặp 만나다
- ☐ thành phố 도시
- ☐ cũng 역시, 또한
- ☐ làm quen 아는 사이다, 알고 지내다

- ☐ với ~와, ~와 함께
- ☐ lắm 아주
- ☐ quá 아주
- ☐ cô ấy 그녀
- ☐ họ 그들
- ☐ em 너
- ☐ may 행운인
- ☐ vinh dự 영광인
- ☐ hân hạnh 기쁜
- ☐ nói chuyện với ~와 이야기하다
- ☐ giới thiệu 소개하다

- 주요 나라 -

Việt Nam 베트남 / Anh 영국
Đức 독일 / Pháp 프랑스 / Ý 이탈리아
Nga 러시아 / Mỹ 미국 / Canada 캐나다
Nhật Bản 일본 / Trung Quốc 중국
Úc 호주 / Thái Lan 태국
Campuchia 캄보디아 / Lào 라오스
Nước ngoài 외국

문·법·콕·콕 03 🎧 MP3_14_03

Thế thì chúng ta cùng đi chơi bóng đá nhé!
그럼 우리 같이 축구 하러 가요!

문·법·콕·콕 04 🎧 MP3_14_04

Tốt quá!
아주 좋아요!

Chúng ta cùng đi sân vận động chơi bóng đá nhé!
우리 축구하러 운동장에 같이 가요!

CHAPTER 15 식당

 본책 220p

○ 다음 대화 내용을 베트남어로 어떻게 말하는지 들어보세요. MP3_15_05

A 어서오세요.
  당신은 무슨 요리를 주문하나요?

B 분짜와 쇠고기 쌀국수를 주세요.

A 분짜, 소고기 쌀국수 여기요.
  맛있게 드세요!

B 베트남 요리 정말 맛있어요!

단어 단어 앞 체크박스에 표시하면서 단어를 외웠는지 확인해 보세요. 예 ✓ đĩa

CHAPTER 01 인사

- □ xin 청하다, 요구하다
- □ chào 인사하다, 안녕
- □ anh 당신, 오빠, 형
- □ khỏe 건강한, 잘지내는
- □ tôi 나, 저
- □ còn 그러면, 그럼, 그런데
- □ cũng 역시, 또한
- □ cảm ơn 고마워요, 감사해요
- □ thế nào 어떻게, 어때요
- □ không có gì 천만에요
- □ xin lỗi 미안해요, 실례해요
- □ không sao 괜찮아요
- □ tạm biệt 잘가요, 잘지내요
- □ chị 당신, 누나, 언니
- □ thầy 남자선생님
- □ các bạn 여러분, 친구들
- □ của ~의, ~의 것
- □ các em 너희들
- □ anh ấy 그
- □ các cô ấy 그녀들
- □ vui 기쁜
- □ hạnh phúc 행복한
- □ xúc động 감동하다

- 주요 호칭 -

Tôi 나 (절대적 1인칭)	Chị 당신, 젊은 여자, 누나, 언니	
Em 너, 동생(남녀)	Cô 당신, 젊은 아가씨, 고모, 여자 선생님	
Chú 당신, 아저씨, 삼촌	Cháu 너, 조카(남녀), 손자(남녀)	
Ông 당신, 할아버지	Bà 당신, 할머니	
Bố 아버지	Mẹ 어머니	
Bố mẹ 부모	Con 자녀	
Con trai 아들	Con gái 딸	
Anh trai 형, 오빠	Chị gái 언니, 누나	
Em trai 남동생	Em gái 여동생	

단어 단어 앞 체크박스에 표시하면서 단어를 외웠는지 확인해 보세요. 예 ✓ đĩa

문자, 발음, 성조

- ☐ người 사람
- ☐ nghỉ 쉬다
- ☐ anh 형, 오빠
- ☐ sách 책
- ☐ luôn 항상, 늘
- ☐ đĩa 접시
- ☐ mua 사다
- ☐ hoa 꽃
- ☐ ga 역
- ☐ gá 저당잡히다
- ☐ gà 닭
- ☐ gả 시집보내다
- ☐ gã 녀석, 놈
- ☐ gạ 교언영색하다
- ☐ bố 아버지

- ☐ mẹ 어머니
- ☐ báo 신문
- ☐ hỏi 질문하다
- ☐ nước 나라, 물
- ☐ toán 수학
- ☐ nhiều 많은
- ☐ nguyễn 베트남 사람의 흔한 성(姓)
- ☐ tuyển 선택하다, 고르다

본문 회·화·정·리 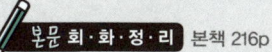 본책 216p

○ 다음 본문의 문법 콕콕 회화를 들으며 큰 소리로 따라 하세요.

문·법·콕·콕 01 🎧 MP3_15_01

Xin mời vào.
어서오세요.

Anh gọi món gì?
당신은 무슨 요리를 주문하나요?

문·법·콕·콕 02 🎧 MP3_15_02

Cho tôi bún chả và phở bò.
분짜와 쇠고기 쌀국수를 주세요.

문·법·콕·콕 03 🎧 MP3_15_03

Bún chả, phở bò đây.
분짜, 소고기 쌀국수 여기요.

Chúc ăn ngon miệng!
맛있게 드세요!

문·법·콕·콕 04 🎧 MP3_15_04

Món ăn Việt Nam ngon thật!
베트남 요리 정말 맛있어요!

단어 정리

본문에서 나온 단어를 한 번에 정리했어요.
[문법 콕콕]뿐만 아니라 [패턴 톡톡]에
나온 단어까지 정리했으니 발음을 기억하면서
외워보세요.

| 5. Thanh sắc | 모음 위에 ´ 표시, 서서히 올려가며 발음 |

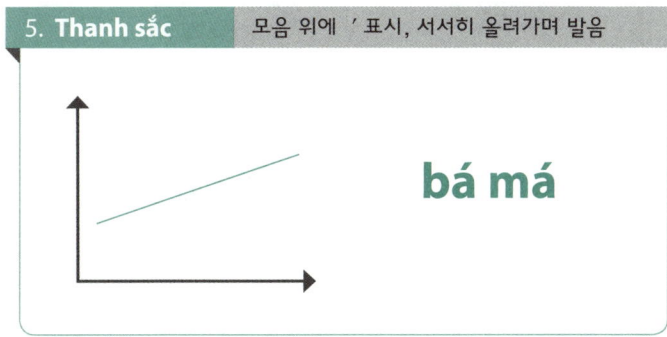

| 6. Thanh sắc | 모음 아래에 . 표시, 저음으로 짧게 발음 |

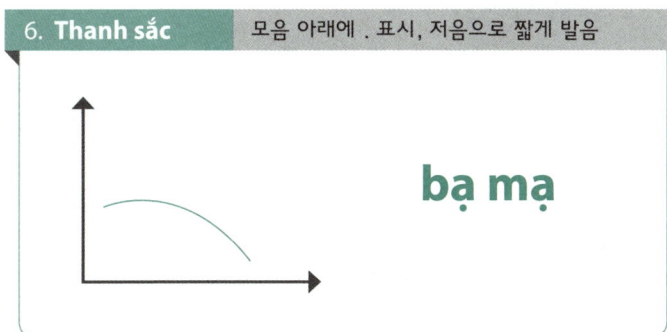

CHAPTER 16 교통

 본책 232p

○ 다음 대화 내용을 베트남어로 어떻게 말하는지 들어보세요. 🎧 MP3_16_05

A   당신은 무엇을 타고 다낭에 가요?

B   저는 비행기로 갈 거예요.

A   다낭 공항에서 미케 해변까지 멀어요?

B   가까운걸요!

       30분 안 걸려요!

본문 회·화·정·리 본책 228p

○ 다음 본문의 문법 콕콕 회화를 들으며 큰 소리로 따라 하세요.

문·법·콕·콕 01 🎧 MP3_16_01

Anh đi Đà Nẵng bằng gì?
당신은 무엇을 타고 다낭에 가요?

문·법·콕·콕 02 🎧 MP3_16_02

Tôi sẽ đi bằng máy bay.
저는 비행기로 갈 거예요.

| 3. Thanh ngã | 모음 위에 ~ 표시, 꺾이는 상승음 |

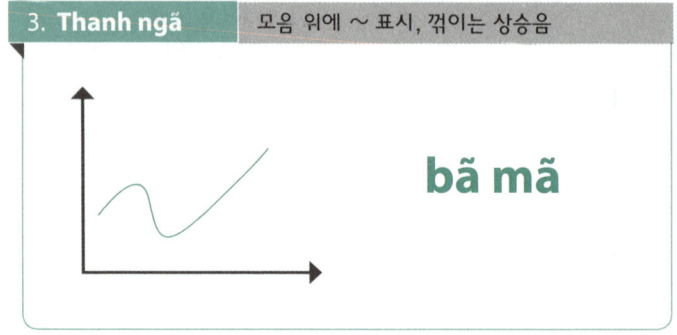

bã mã

| 4. Thanh hỏi | 모음 위에 ? 표시, 흘려주듯이 발음 |

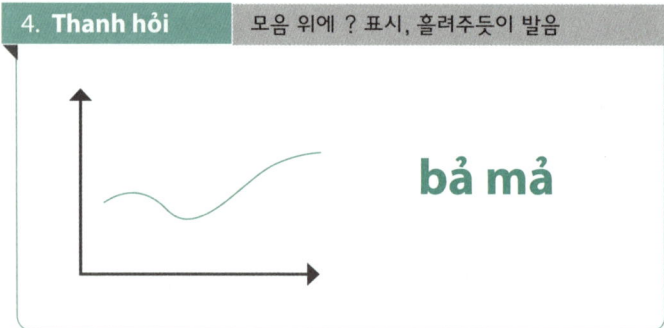

bả mả

6성조

🎧 MP3_00_06

1. Thanh ngang | 표시 없음, 평성으로 발음

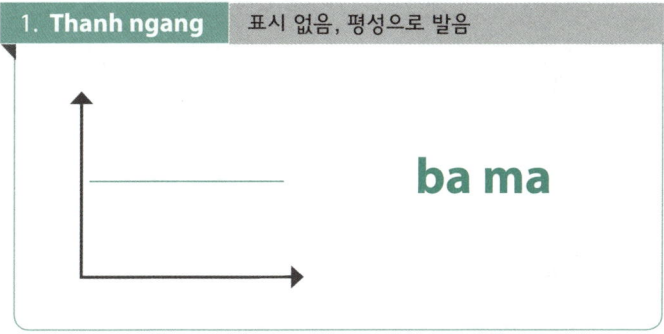

ba ma

2. Thanh huyền | 모음 위에 ` 표시, 서서히 내려가며 발음

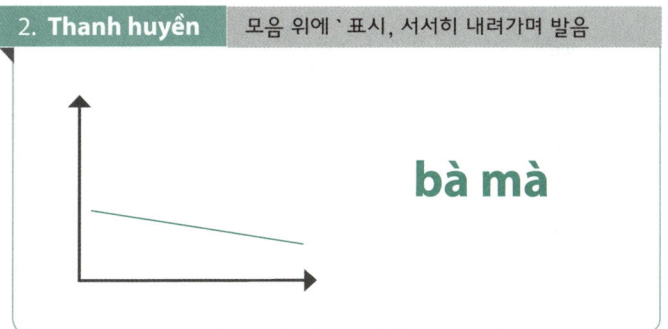

bà mà

문·법·콕·콕 03 🎧 MP3_16_03

Từ sân bay Đà Nẵng đến bãi biển Mỹ Khê có xa không?
다낭 공항에서 미케 해변까지 멀어요?

문·법·콕·콕 04 🎧 MP3_16_04

Gần mà!
가까운걸요!

Không mất ba mươi phút đâu!
30분 안 걸려요!

CHAPTER 17 은행

 본책 244p

○ 다음 대화 내용을 베트남어로 어떻게 말하는지 들어보세요. MP3_17_05

A   저는 통장을 개설하고 싶어요.

B   당신은 현금인출카드가 필요하세요?

A   저는 달러를 베트남 동으로도 환전할게요.

B   여기 당신이 환전하신 3백만 동이에요.

8개 끝자음

MP3_00_05

문자	예	
-ch	kịch	tách
-c	các	lúc
-m	tôm	làm
-n	ăn	bàn
-nh	mình	anh
-ng	nắng	ông
-p	hộp	lớp
-t	một	bát

문자	예	
ngh	nghi	nghiên
nh	như	nhu
p	pin	pê-đan
ph	pha	phu
q	qua	quyển
r	ra	răng
s	sa	so
t	tôi	ta
th	thôi	thu
tr	tra	tre
v	va	vô
x	xa	xôi

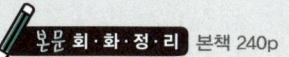

본·문·회·화·정·리 본책 240p

○ 다음 본문의 문법 콕콕 회화를 들으며 큰 소리로 따라 하세요.

문·법·콕·콕 01 🎧 MP3_17_01

Tôi muốn mở sổ tài khoản.
저는 통장을 개설하고 싶어요.

문·법·콕·콕 02 🎧 MP3_17_02

Anh có cần thẻ rút tiền không?
당신은 현금인출카드가 필요하세요?

문·법·콕·콕 03 🎧 MP3_17_03

Tôi sẽ đổi tiền đô la ra Việt Nam đồng nữa.
저는 달러를 베트남 동으로도 환전할게요.

문·법·콕·콕 04 🎧 MP3_17_04

Đây là ba triệu đồng mà anh đổi tiền.
여기 당신이 환전하신 3백만 동이에요.

27개 첫자음

🎧 MP3_00_04

문자	예	
b	ba	bờ
c	ca	cô
ch	cha	chua
d	da	dan
đ	đa	đi
g	ga	gỗ
gh	ghi	ghim
gi	gia	giỏi
h	ho	hai
k	kim	ki-lô
kh	khá	khoa
l	lê	lông
m	ma	môi
n	na	non
ng	nga	ngu

12개 단모음

🎧 MP3_00_03

문자	발음	예	
a	아	an	nam
ă	아	ăn	lăm
â	어	âm	cân
e	애	em	me
ê	에	êm	mê
i	이	im	tai
y	이	yên	tay
o	오	ong	to
ô	오	sông	ôm
ơ	어	mơ	cơm
u	우	um	cum
ư	으	tư	hư

CHAPTER 18 병원

회·화·술·술 본책 256p

○ 다음 대화 내용을 베트남어로 어떻게 말하는지 들어보세요. 🎧 MP3_18_05

A 저는 머리가 아프고 기침을 많이 해요.

B 당신은 열이 나요?

당신은 감기 걸렸어요.

당신은 주사를 맞고 약을 복용하는 것이 좋겠어요.

A 네. 저는 집에서 쉴 필요가 있어요.

문자와 명칭

🎧 MP3_00_02

문자	명칭	문자	명칭
A	a	N	en-nờ
Ă	á	O	o
Â	ớ	Ô	ô
B	bê	Ơ	ơ
C	xê	P	pê
D	dê	Q	qui
Đ	đê	R	e-rờ
E	e	S	ét-sì
Ê	ê	T	tê
G	giê	U	u
H	hát	Ư	ư
I	i ngắn	V	vê
K	ca	X	ích-xì
L	e-lờ	Y	i dài
M	em-mờ		

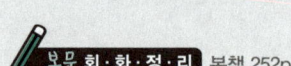

본문 회·화·정·리 본책 252p

○ 다음 본문의 문법 콕콕 회화를 들으며 큰 소리로 따라 하세요.

문·법·콕·콕 01 🎧 MP3_18_01

Tôi bị đau đầu và ho nhiều.
저는 머리가 아프고 기침을 많이 해요.

문·법·콕·콕 02 🎧 MP3_18_02

Anh có bị sốt không?
당신은 열이 나요?

베트남어 문자와 발음

 MP3_00_01

문자	발음	문자	발음	문자	발음
A	아	Ă	아	Â	어
B	ㅂ	C	ㄲ	Ch	ㅉ
D	ㅈ/ㅇ	Đ	ㄷ	E	애
Ê	에	G	ㄱ	Gh	ㄱ
Gi	ㅈ/지	H	ㅎ	I	이
K	ㄲ	Kh	ㅋ	L	ㄹ
M	ㅁ	N	ㄴ	Ng	응
Ngh	응	Nh	니	O	오
Ô	오	Ơ	어	P	ㅃ
Ph	/f/	Q	ㄲ	R	ㅈ/ㄹ
S	ㅆ	T	ㄸ	Th	ㅌ
Tr	ㅉ	U	우	Ư	으
V	/v/	X	ㅆ	Y	이

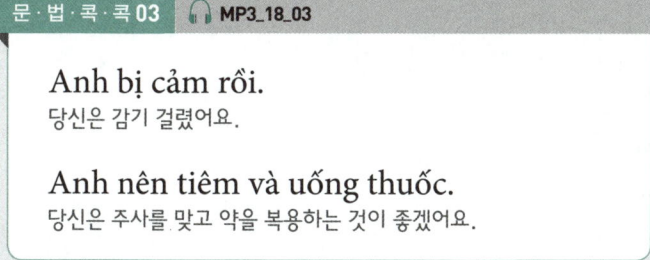

문·법·콕·콕 03 MP3_18_03

Anh bị cảm rồi.
당신은 감기 걸렸어요.

Anh nên tiêm và uống thuốc.
당신은 주사를 맞고 약을 복용하는 것이 좋겠어요.

문·법·콕·콕 04 MP3_18_04

Vâng. Tôi cần nghỉ ở nhà.
네. 저는 집에서 쉴 필요가 있어요.

문자, 발음, 성조

베트남어 문자와 발음, 성조에 대해 간단하게 복습해 보세요. MP3를 들으며 반복해서 따라하다 보면 베트남어 발음에 익숙해질 거예요.

차례

베트남어 문자, 발음, 성조   3
단어 정리   13
회화 정리   39

가장 쉬운 독학 베트남어 첫걸음

별책부록
핸드북

동양북스

별책부록
핸드북

베트남어 입문 필독서

가장 쉬운 독학 베트남어 첫걸음

www.dongyangbooks.com
m.dongyangbooks.com (모바일)